„Größer noch als Heinrich der Löwe"

König Georg V. von Hannover
als Bauherr und Identitätsstifter

Ausstellung
in der
Staats- und Universitätsbibliothek Göttingen
Paulinerkirche

Begleitband und Reiseführer

herausgegeben von

Gudrun Keindorf und Thomas Moritz

im Auftrag des Vereins
„Freunde der Burg Plesse" e.V.

Mecke Druck und Verlag · Duderstadt · 2003

Bibliografische Information Der Deutschen Bibliothek
Die Deutsche Bibliothek verzeichnet diese Publikation in der Deutschen
Nationalbibliografie; detaillierte bibliografische Daten sind im Internet über
<http://dnb.ddb.de>; abrufbar.

Gefördert durch die

BurgApotheke

Dr. Martin Anschütz, Bovenden

ISBN 3-936617-16-3

© 2003
Verein „Freunde der Burg Plesse" e. V.

Alle Abbildungen, soweit nicht im Text anders vermerkt: archäotech, Bovenden

Lektorat und Redaktion: Dr. Gudrun Keindorf, Bovenden

Printed in Germany
Mecke Druck und Verlag · Postfach 1420 · 37107 Duderstadt

Zu beziehen über alle Buchhandlungen oder direkt beim
Verlag Mecke Druck und Verlag · Postfach 1420 · 37107 Duderstadt
Telefon 0 55 27 / 98 19 19 · Fax 0 55 27 / 98 19 39
eMail: verlag@meckedruck.de · Internet: www.meckedruck.de/buchprogramm

Inhaltsverzeichnis

Grußwort des Direktors der Niedersächsischen Staats- und Universitätsbibliothek Göttingen

Die Plesse ist vor allem als romantische Burg in der Umgebung Göttingens bekannt, deren Beliebtheit bei den Studenten schon in der Zeit des Hainbundes literarisch festgehalten worden ist. Goethe hat seinem Besuch mit seinem Sohn 1801 in seinen Tagebüchern ein Denkmal gesetzt (auch wenn er 1815 ein Gedicht über die Burg fälschlich auf eine Ansicht des Hansteins notiert). In Heinrich Heines Harzreise werden mehr die Niederungen der Burg mit den Dirnen des Rauschenwassers thematisiert. Dabei sei angemerkt, daß die Popularität der Plesse dadurch verstärkt worden sein dürfte, daß sie bis 1816 außerhalb der hannoverschen Landesgrenzen lag. Die Gerichtsbarkeit auch der Universität galt hier nicht. Das alte Territorium der Herren von Plesse, die sich Hessen als Lehnsherren unterstellten, um sich gegen die Übermacht des nahen Göttingen zu behaupten, ist noch bis heute leicht erkennbar. Ist es doch Bovenden mit den übrigen Dörfern der Herrschaft gelungen, sich einer Eingemeindung durch Göttingen zu entziehen, obwohl es als beliebter ›Schlafort‹ nur gut 5 km vom Stadtkern der Wissenschaftsstadt entfernt liegt. Ein Stück niedersächsischer Mikrogeographie, die zeigt, wie historische Entwicklungen auch heute noch nachwirken.

Die Geschichte und die Geschichten um die Plesse haben die „Freunde der Burg Plesse" kontinuierlich zum Thema gemacht und sie mit großem Erfolg in breiten Kreisen der Bevölkerung nicht nur Südniedersachsens verbreitet. Motor der Aktivitäten, die Grabungen und Restaurierungen, Führungen und Großveranstaltungen und nicht zuletzt Publikationen umfassen, sind (neben den dafür zuständigen Stellen wie dem Staatlichen Baumanagement) Gudrun Keindorf und Thomas Moritz. Sie haben wesentlich dazu beigetragen, daß die Plesse die am meisten besuchte Burg Niedersachsens geworden ist.

Mit der Ausstellung in der Paulinerkirche, die aus Anlass des 150. Jahrestages des Besuches des Hannoverschen Königspaares Georg V. und Marie am 19. September 1853 stattfindet, betreten die Organisatoren Neuland. Die ›große Restaurierung‹ der Plesse zwischen 1853 und 1865, die bei dieser Gelegenheit beschlossen wurde, tritt neben eine Fülle anderer denkmalpflegerischer Aktivitäten in der Regierungszeit des unglücklichen letzten Welfen auf Hannovers Thron. Heinrich der Löwe war sein Vorbild, den er noch zu übertreffen hoffte – was ihm aber nur auf der Verlustseite gelang. Die Restaurierungen, die sich durch seine Regierungszeit wie ein roter Faden ziehen, werden durch Neubauten ergänzt, die als eine Art Gesamtkonzept ›Hannoverscher Identitätsstiftungen‹ in Ausstellung und Begleitband erstmals dargestellt werden. Mag es verwundern, daß dabei ausgerechnet mit einem ehemals hessischen Lehen begonnen wird, so greift Georg V. auch mit dem Ankauf des Kaiserhauses in Goslar 1865 und Planungen für ein Mausoleum für die Häuptlinge Ostfrieslands über die engen familiengeschichtlichen Grenzen hinaus.

4

Natürlich bildet die Plesse, dem Anlaß entsprechend, den Kern der Göttinger Ausstellung, die aber umfangreiches Material aus dem ganzen Land zusammenführt und im Katalog dokumentiert.

Den Ausstellungsmachern und allen Mitwirkenden wünsche ich großen Erfolg bei dem Versuch, die teilweise subtile Thematik einem breiteren Kreis von Interessierten verständlich zu machen. Ich hoffe, sie können dabei an die Erfolge der Veranstaltungen auf der Plesse anknüpfen. Die Niedersächsische Staats- und Universitätsbibliothek unterstützt sie dabei gern, weil sie es sich zum Ziel gesetzt hat, in der Paulinerkirche als Schaufenster der Wissenschaft Erträge der Forschung der Öffentlichkeit nahe zu bringen.

Prof. Dr. Dr. h.c. Elmar Mittler

Vorwort
des Vorsitzenden des Vereins „Freunde der Burg Plesse" e.V.

Der Historische Verein für Niedersachsen ernannte 1856 den Studienrat Johannes Heinrich Müller zu seinem Konservator (also für das damalige Königreich Hannover). 1864 wurde er zum Konservator der Landesaltertümer im Königreich bestellt. Diese Aufgabe nahm er auch nach der preußischen Annektion 1866 wahr. 1871-1880 veröffentlichte H. W. H. Mithoff seine ›Kunstdenkmale und Alterthümer im Hannoverschen‹. Diese Ereignisse waren wichtige Schritte hin auf eine gezielte Denkmalpflege (vgl. Chr. Segers-Glocke, Blick zurück und nach vorn. Niedersächsische Denkmalpflege Bd. 16, 2001, 7 ff.).

Daneben und überhaupt hat der blinde König Georg V. von Hannover (reg. 1851-1866) Baudenkmäler seiner Ahnen und mittelalterliche Zeugnisse in seinem Herrschaftsgebiet restaurieren lassen. Dieses gilt auch für die Burgruine Plesse, die er vor 150 Jahren mit Königin Marie besuchte. Ohne sein entscheidendes Eintreten für die Ruine wäre diese nicht das, was sie heute ist. Das ist Anlaß genug, mit einer Ausstellung diese Bemühungen zu würdigen, die S. Dost 1989 im Plesse-Archiv Bd. 25 so umfassend gewürdigt hat.

Wir danken den zahlreichen Leihgebern, ohne deren Mitwirken diese Ausstellung nicht hätte verwirklicht werden können, den Autoren dieser Veröffentlichung und der Staats- und Universitätsbibliothek Göttingen, die diese Ausstellung in der Pauliner-Kirche zeigt. Anschließend wird der Schirmherr unserer Vereinigung, Landtagspräsident Jürgen Gansäuer, diese im Niedersächsischen Landtag in Hannover präsentieren. Seit 25 Jahren besteht unser Verein, der mit der Pflege und Erforschung der Burg Plesse befaßt ist. Möge er auch weiterhin diese lohnende Aufgabe in die Zukunft tragen. Unserer Projektleiterin Frau Dr. Gudrun Keindorf und Herrn Thomas Moritz gilt Dank für die inhaltliche Arbeit, den Sponsoren für ihre finanzielle Unterstützung, ohne die das Projekt nicht hätte realisiert werden können.

Die gute Zusammenarbeit mit dem Städtischen Museum und seinem Leiter Dr. Jens-Uwe Brinkmann bringt uns in den Genuß, dort parallel zur Ausstellung in der Pauliner-Kirche eine Präsentation ›Plesse-Ansichten aus vier Jahrhunderten‹ sehen zu können, die 1972 der damalige Direktor Dr. Waldemar R. Röhrbein mit meiner Hilfe realisiert hat. Auch diese Ausstellung bietet einen Einblick in die Ruinenromantik der Zeit und die belegt, wie populär diese Burg in der Gebrausgraphik und Kunst reflektiert wurde.

So wie einst kann man auch das noch heute erleben.

Prof. Dr. Ralf Busch

Vorwort der Herausgeber

„Größer noch als Heinrich der Löwe"
König Georg V. von Hannover als Bauherr und Identitätsstifter

Lange haben wir uns über den Titel dieser Ausstellung Gedanken gemacht. Es waren viele Vorschläge im Gespräch: ›Königslandschaften‹, ›König mit Vergangenheit‹, ›Georg V., der Romantiker von der Leine‹, ›Hannoversche Identitätsstiftungen‹, ›Geschichte als Instrument der Macht‹, um nur einige zu nennen. Jeder Titel hätte im Gesamtkontext seine Berechtigung, wie sich aber im Verlauf der Vorarbeiten herausstellte, dann allerdings nur als ›Kapitelüberschrift‹.

Durch unsere Recherchen und die Beiträge von KollegInnen öffnete sich – nach und nach – ein immer komplexer werdendes Bild einer Art Denkmalpflege-Programm, das von Georg V. nach seiner Thronbesteigung im Jahr 1851, ohne es öffentlich zu verkünden, (wohl) mit der Restaurierung der Burg Plesse 1853 begonnen wurde und bis zu seinem Gang ins Exil nach der Schlacht bei Langensalza 1866, durch den Ankauf des Kaiserhauses in Goslar 1865 und die Planungen für den Neubau eines Mausoleums für die Häuptlinge von Ostfriesland in Aurich 1865/ 66, erzwungenermaßen seinen Abschluß fand. Wie wäre das Projekt fortgeschritten? Wir wissen es nicht! Wir wissen auch noch nicht, ob es Planungen gegeben hat, weitere Baulichkeiten zu erwerben und/oder zu restaurieren, denn wir müssen an dieser Stelle darauf hinweisen, daß mit Vielem des hier vorgelegten nur ein erster Einblick in das überaus komplexe Thema geboten werden kann.

Dennoch zeigen sich bereits Grundtendenzen. Nachdem der König anfänglich darauf bedacht war, Stätten seiner (unmittelbar) familiengeschichtlich verankerten Herkunft zu erhalten, zeigte er in den letzten zwei Jahren seiner Regierungszeit auch ein Interesse an geschichtlich größer dimensionierten Projekten, wie dies Goslar und Aurich anzeigen. Ob weitere Aussagen möglich sind, wird erst die kommende Forschungsarbeit erbringen. Dabei wird es vor allem um die Bearbeitung von noch ungesichtetem Quellenmaterial des Königlich Hannoverschen Hausarchivs gehen sowie eine Findung und Sichtung von weiteren Bauwerken, die dann als ›königliche Projekte‹ bezeichnet werden sollen. Bisher konzentriert sich der Großteil der bekannten königlichen Projekte mehrheitlich auf das südliche Hannover. In den komplexen Gesamtkontext gehört neben den restaurierten historischen Baulichkeiten als weitere wichtige Komponente auch die durch Georg V. initiierten Neubauten, wie z.B. die Christuskirche in Hannover, Schloß Marienburg bei Nordstemmen oder das alte Auditoriengebäude der Universität Göttingen. Die Vielschichtigkeit des verborgenen Projektes zeigt sich in seinen Dimensionen zudem bei Restaurierungstechniken, z.B. bei der Steinbearbeitung und der Verwendung von Mörtel, bei den Farbfassungen in den Innen- und Außenbereichen verschiedener Bauten sowie bei der mobilen Ausstattung der Baulichkeiten.

Die sich zur Zeit Georgs V. immer besser struktuierenden Denkmalpflege- und Museumseinrichtungen und Geschichtsvereine – aufgrund königlichen Erlasses (Welfenmuseum, Klosterkammer) oder auf bürgerliche Initiative hin (z.B. Historischer Verein für Niedersachsen, Einrichtung einer Konservatorenstelle im Jahr 1856) eingerichtet – spielen desweiteren eine wichtige Rolle in dem auf eine sehr umfassende Ikonographie/Ikonologie ausgelegten Projekt. Dabei taucht im privat-biographischen Bereich, aber auch im öffentlich-politischen Leben Georgs V. ein Name immer wieder auf: Heinrich der Löwe. Georg V. wollte, in einer als geradezu tragisch zu bezeichnenden Selbstüberschätzung, seinem berühmten Vorfahren nach-eifern, und wenn es gelingen könnte, diesen noch übertreffen! Darum entschlos-sen wir uns, der Ausstellung den Titel „Größer als Heinrich der Löwe" zu geben. Unsere seit 1982/83 durchgeführten Grabungen und Bauuntersuchungen auf der zwischen 1853 und 1864 auf Initiative Georgs V. – teilweise unter denkmalpflege-rischen Gesichtspunkten – in ihrem ruinösen Baubestand durch eine ›große Repa-ration‹ erhaltenen Burg Plesse, bei denen wir immer wieder durch Bau- und Erdbe-funde und Sachfunde mit diesem König ›zusammentrafen‹, brachten es mit sich, daß wir uns tiefer in die Problem- und Fragestellungen seiner Epoche einarbeiteten. Der nächste Schritt war die Suche nach anderen ›königlichen Projekten‹, und wir wurden schnell fündig. Unsere Forschungsansätze wurden von den Zuständigen vor Ort, und auch von FachkollegInnen begrüßt und gefördert, so daß wir ermutigt wurden weiterzuarbeiten. Das Projekt nahm Formen an und wir konnten den Ver-ein „Freunde der Burg Plesse" e.V. gewinnen, zum 150. Jahrestag der Wiederkehr des Besuches Georgs V. auf der Burg Plesse (19. September 1853) eine Ausstel-lung durchzuführen und einen Begleitband herauszugeben. Wir danken der SUB Göttingen für die Bereitschaft, uns dafür nicht nur die historischen Räumlichkeiten der Paulinerkirche zur Verfügung zu stellen, sondern auch, uns bei der ›Abwick-lung‹ mit viel Einsatz zur Seite zu stehen.

Bald gestaltete sich das Thema immer komplexer und wir stellten weitere Fragen, z.B. nach politischen Abläufen, nach biographischen Details, nach der Art seiner (Georgs) Selbstdarstellung im Porträt, nach seinem Leben im Exil und nicht zuletzt nach seiner Blindheit, so daß wir allein nicht in der Lage waren, die vielen Einzel-aspekte zu bearbeiten. Die Autorensuche, in der heutigen Zeit beileibe kein ein-fach zu bewerkstelligender Prozeß, gestaltete sich wegen des interessanten The-mas zu unserer Freude als nicht zu kompliziert! Nun danken wir den AutorInnen dieses Bandes für ihre Bereitschaft, mit uns zusammenzuarbeiten und ihre profun-de Kenntnis über Georg V. und seine Zeit durch ihre Aufsätze der Öffentlichkeit zugänglich zu machen.

Ebenso danken wir den zahlreichen Museen, Institutionen und Privatpersonen, die die Ausstellung durch ihre Leihgaben lebendig werden lassen. Ausdrücklich be-danken wir uns auch bei der VGH-Stiftung, ohne deren großzügige finanzielle Unterstützung das Projekt und insbesondere der Druck dieses Bandes nicht zu-stande gekommen wäre.

Wir hoffen, auf diesem Wege, ein öffentliches wie wissenschaftliches Interesse an König Georg V. (wieder)geweckt zu haben, und freuen uns auf weitere Ergebnis-se aus diesem spannenden Forschungsbereich.

Gudrun Keindorf   Thomas Moritz

Verzeichnis der Leihgeber

Bomann-Museum Celle

Ev. Kirchengemeinde Gmunden, Österreich

Hauptstaatsarchiv Hannover

Heimatmuseum Northeim

Hessisches Landesmuseum Darmstadt

Historisches Museum am Hohen Ufer, Hannover

Kunstsammlung der Universität Göttingen

Museum Schloß Marienburg

Niedersächsisches Münzkabinett, Hannover

Oberharzer Bergwerksmuseum, Clausthal-Zellerfeld

Plesse-Archiv, Bovenden

Privatarchiv Herbert Heere, Hardegsen

Staats- und Universitätsbibliothek Göttingen

Stadt Goslar, Kaiserpfalz

Stadt Goslar, Museum

Stadtarchiv Goslar

Stadtarchiv Göttingen

Stadtarchiv Northeim

Stadtmuseum der Stadtgemeinde Gmunden, Österreich

Städtisches Museum Einbeck

Städtisches Museum Göttingen

Dieter Brosius

Die Blindheit König Georgs V.

›Der blinde König‹ – so nannte Hinrich Hermann Leonhardt seine 1959 erschienene romanhafte Darstellung des letzten Lebensabschnitts Georgs V. von Hannover (Leonhardt 1959). In der Tat erscheint die Blindheit als die auffälligste Eigenschaft des unglücklichen Monarchen, der für den hannoverschen Staat eine von Preußen unabhängige Vorrangstellung in Norddeutschland beanspruchte, jedoch an der mit wenig Skrupeln behafteten Bismarck'schen ›Realpolitik‹ scheiterte, seinen Thron und sein Land an die Hohenzollern verlor und die restlichen Lebensjahre im Exil verbrachte (Brosius 1979). Schon viele der Zeitgenossen, die ihn aus der Nähe beobachten konnten, kamen zu dem Schluß, daß der Verlust des Augenlichts in jungen Jahren weit gravierendere Folgen gehabt habe als nur die bedauerliche physische Beeinträchtigung. Die Blindheit habe sich prägend auf den gesamten Charakter Georgs ausgewirkt, habe ihn daran gehindert, die Realität der Umwelt zu erfassen und richtig einzuordnen, und habe entscheidend dazu beigetragen, daß er eine ganz eigene, wirklichkeitsfremde Vorstellungswelt entwickelte, die nicht ohne Einfluß auf sein politisches Handeln geblieben sei.

Georg V. wurde am 27. Mai 1819 in Berlin geboren, wo sein Vater Ernst August Herzog von Cumberland, der fünfte Sohn König Georgs III. von Großbritannien und Hannover, seit 1815 verheiratet mit Friederike von Mecklenburg-Strelitz, seinen Wohnsitz genommen hatte. 1828 übersiedelte die Familie nach Kew bei London. Als Kind litt Georg unter häufigen Erkrankungen, deren Ursache die Ärzte in einer ›skrophulösen Veranlagung‹ und einer sich daraus ergebenden schwachen Konstitution sahen.[3] Vor allem die Augen litten oft unter Entzündungen; eine Disposition zu Augenleiden war im welfischen Hause offenbar erblich. Nach heutigem Kenntnisstand ist in der Regel eine unterschwellige, oft nicht bemerkte tuberkulöse Erkrankung Ausgangspunkt dieses Krankheitsbilds. Dabei kommt es im Bereich von Bindehaut und Hornhaut zu Infekten, zur Bildung von Bläschen (Phlyktänen) und zur Narbenbildung auf der Hornhaut, wodurch deren Lichtdurchlässigkeit bis hin zur völligen Erblindung vermindert wird. Eine Hornhauttransplantation, die heute Abhilfe schaffen könnte, war seinerzeit noch nicht möglich (freundliche Auskunft von Dr. Johannes Zeilinger, Berlin).

1829 erlitt Georg, als er zu Besuch in Berlin weilte, eine heftige Lungenentzündung. Er verbrachte mehrere Wochen in einem verdunkelten Raum. Dadurch blieb es unbemerkt, daß sein rechtes Auge von einer skrophulösen Entzündung befallen wurde. Erst nach der Genesung zeigte sich, daß die Sehkraft dieses Auges zur Gänze erloschen war.

Zur völligen Blindheit des Prinzen führte dann 1832 ein Unglücksfall beim Spiel vor dem elterlichen Haus in Kew. Georg versetzte sich beim Herumschleudern einer schweren, mit goldenen Quasten verzierten Geldbörse einen heftigen Schlag auf das gesunde linke Auge. Die Prellung verursachte eine allmähliche Linsentrübung und eine Entzündung, die auf die gesamte Augenhöhle übergriff. In kurzer Zeit erblindete dadurch auch das zweite Auge, wie die 1840 vom Leibarzt Dr. Spangenberg verfaßte Krankengeschichte des Kronprinzen belegt (HStA Hannover, Dep. 103 III K 227 Nr. 19). Laut Mitteilung von Dr. Zeilinger kann die Prellung die Permeabilität der durch Diffusion ernährten Linse gestört haben, was dann zur Bildung der Linsentrübung (Kontusionskatarakt) geführt haben würde.

HIS HIGHNESS PRINCE GEORGE-FREDERICK-ALEXANDER-CHARLES-ERNEST-AUGUSTUS OF CUMBERLAND.

Abb. 1: H. R. H. Prince George, later King George V of Hanover. From the painting by G. L. Saunders (Van Thal 1936, S. 250)

Natürlich unternahmen die Eltern alles nur Mögliche, das Augenlicht zurückzugewinnen. Renommierte Augenärzte wie der Berliner Professor und Chirurg Carl Ferdinand von Graefe (1787-1840) wurden konsultiert, ohne helfen zu können. Erst nachdem der allgemeine Gesundheitszustand Georgs sich nach Badeaufenthalten in Pyrmont und auf Norderney gebessert hatte, wagte man sich an eine Operation zur Entfernung der getrübten Linse, die 1840 von dem namhaften Wiener Augenarzt und Operateur Dr. Friedrich Jaeger Ritter von Jaxtthal (1784-1871) vorgenommen wurde, aber mißlang. Einem zweiten Versuch, der ihm später angeraten wurde, verweigerte sich Georg; er hatte sich offenbar mit dem Schicksal der lebenslangen Umnachtung abgefunden, wenn auch, wie man vermuten darf, unter heftigen inneren Kämpfen. Darauf deutet jedenfalls ein Gedicht hin, das er etwa 1842/43 geschrieben haben dürfte und in dem es heißt:

„Nacht ist's um mich! Des Lebens süße Gaben
Verbittert mit des Schicksals Tyrannei!
Ich lebe noch und bin doch schon begraben.
Blind oder tot ist ziemlich einerlei." (HstA Hannover, Dep. 103 II K 40)

Auch später noch wurden mehrfach Angebote zu Heilungsversuchen an Georg herangetragen, teils von seriösen Augenärzten, teils von obskuren Wunderheilern. Doch wurden sie sämtlich abgewiesen.

Im Jahr 1837 endete die 1714 begründete Personalunion zwischen Großbritannien und Hannover infolge unterschiedlicher Thronfolgeregelungen, und was bei Georgs Geburt nur als eine vage Möglichkeit im Raum stand, wurde nun zur Realität: Sein Vater Ernst August, zu diesem Zeitpunkt bereits 67 Jahre alt, bestieg den Thron des welfischen Stammlandes. Damit endete für Georg die private Existenz als eines unter vielen Mitgliedern des englischen Hochadels; als Kronprinz und mutmaßlicher Erbe des Königreichs Hannover trat er in eine öffentliche Funktion und mußte es hinnehmen, daß auch seine Blindheit einen anderen Stellenwert erlangte als zuvor. Sein trauriges Schicksal wurde zu einem Politikum, denn es lag auf der Hand, daß der künftige Monarch durch das Fehlen der Sehkraft in seiner Regierungsfähigkeit beeinträchtigt sein würde. Das meinten nicht nur die Vertreter der Opposition, sondern auch manche getreuen Anhänger des Welfenhauses. Sogar Ernst August äußerte gelegentlich Zweifel an der Eignung des blinden Sohns zum Regenten. Doch um des Fortbestands des Hauses Hannover willen schob er alle Bedenken beiseite. Nach Einholung mehrerer juristischer Gutachten ließ er im Landesverfassungsgesetz von 1840, welches das von ihm beim Regierungsantritt 1837 in einem umstrittenen ›Staatsstreich‹ beseitigte Staatsgrundgesetz von 1833 ersetzte, nur noch Minderjährigkeit und geistige Erkrankung, nicht aber körperliche Gebrechen als Hinderungsgründe für die Thronfolge festschreiben.

Diese rechtliche Absicherung konnte aber die weitere Diskussion nicht unterbinden. Im Winter 1842/43 erschienen in der ›Kölnischen Zeitung‹ zwei anonyme Aufsätze, in denen die Regierungsfähigkeit des blinden Kronprinzen in Frage gestellt wurde. Sie lösten eine öffentliche Debatte aus, die König Ernst August nicht ignorieren konnte. Bis 1844 entstanden fünf Rechtsgutachten, deren Verfasser ganz unterschiedliche Positionen vertraten (vgl. Krüger 1992). Drei davon verneinten ganz entschieden die Sukzessionsfähigkeit eines Blinden: die des Wolfenbütteler Archivrats Karl Wilhelm Schmidt und des Berliner Juristen Karl Wilhelm von Lancizolle sowie eine anonyme Stellungnahme, deren Urheber wohl ebenfalls der Braunschweiger Regierung nahestand. Die Motive der Verfasser sind nicht schwer zu erraten: Sowohl Preußen wie das Herzogtum Braunschweig hätten bei Eintritt einer Thronvakanz nach dem Tod Ernst Augusts versuchen können, die Hand auf Hannover zu legen, sei es durch eine Regentschaft, sei es – im Falle Braunschweigs – auf dem Wege der in den Hausgesetzen der Welfen verbrieften Erbfolge. Ob die Gutachten von offiziellen Kreisen in Auftrag gegeben worden waren, läßt sich nicht mehr feststellen. Jedenfalls veranlaßten sie König Ernst August und die hannoversche Regierung, bei dem angesehenen Staatsrechtler Karl Friedrich Eichhorn zwei Gegengutachten zu bestellen, die denn auch ganz nach Wunsch ausfielen: Weder das Reichsrecht noch das hannoversche Recht sähen in der Blindheit einen Ausschließungsgrund für die Regierungsnachfolge. Es mag dahingestellt bleiben, ob es sich hierbei um Gefälligkeitsgutachten handelte oder nicht; jedenfalls konnte der König nun alle rechtlichen Bedenken im Hinblick auf die Eignung seines Sohnes beiseite schieben. Das hinderte allerdings Preußen nicht daran, gelegentlich immer wieder einmal durchblicken zu lassen, man könne Georg im Sukzessionsfall die Anerkennung verweigern, um damit die hannoversche Politik zum Wohlverhalten zu veranlassen.

Zu einem solchen Schritt ist es dann aber doch nicht gekommen, als 1851 König Ernst August starb und sein Sohn die Nachfolge antrat. Von keiner Seite wurde dagegen Protest erhoben. Auch im Lande selbst wurden nur wenige besorgte Stimmen laut; es überwogen ganz eindeutig die Zeichen der Verehrung und Anerkennung und natürlich auch des Mitleids mit dem blinden Monarchen, dessen würdevolle und majestätische Haltung auch kritische Geister beeindruckte. Es finden sich eine ganze Reihe von zeitgenössischen Schilderungen wie die folgende: *„Georg V. war ein schöner Mann. Seine hohe, kräftige und ebenmäßige Gestalt überragte alle. Er hielt sich sehr gerade, wie Blinde, die mit den Füßen tasten wollen, etwas nach hinten übergeneigt. Seinen schönen Kopf trug er stolz aufwärts, ebenfalls etwas nach hinten und ein wenig nach der Seite, als wollte er mit seinen Ohren sicherer erfassen, was seine Augen nicht wahrnehmen konnten. Sein fein geschnittenes Gesicht hatte einen Ausdruck, der zuversichtlich erscheinen wollte und dennoch das traurige Gefühl des körperlichen Gebrechens verriet. Die Züge deuteten auf Verstand, jedoch auch auf einen starren Sinn"* (Hartmann 1980, S. 22).

Daß der Verfasser dieses Textes ein guter Beobachter war, bezeugen mehrere gemalte Porträts (vgl. Beitrag Busch in diesem Band) und später auch Fotografien des Königs. Es ist gelegentlich bemerkt worden, Georg habe sich bei öffentlichen Auftritten bemüht, seine Blindheit zu verbergen und sich den Anschein eines Sehenden zu geben, wenn er Formulierungen wie *„Das sehe ich"* oder *„Das ist ein schönes Bild"* verwendete. Wenn das so war, dann ist dahinter gewiß nicht eine Täuschungsabsicht zu vermuten, sondern eher der Wunsch, das ihm auferlegte Handicap herunterzuspielen und, darin vergleichbar einem Schauspieler, in die Rolle des Gesunden zu schlüpfen, ohne die Realität damit vergessen lassen zu wollen.

Auf das verantwortungsvolle Regierungsamt war Georg durchaus gut vorbereitet worden. Noch seine Mutter Friederike, die bereits 1841 gestorben war, hatte veranlaßt, daß eine Regelung für den Vollzug der Unterschrift des künftigen Königs unter amtlichen Dokumenten getroffen wurde: Von zwölf dazu ausersehenen und beeidigten Personen sollten jeweils zwei anwesend sein und durch Gegenzeichnung bezeugen, daß der jeweilige Text Georg vollständig vorgelesen und die Unterschrift von ihm eigenhändig vollzogen worden sei (Hassell 1898, S. 460f.). Im privaten Bereich stützte sich Georg auf den Geheimen Kabinettsrat Dr. Lex, ›des Königs Hand und Auge‹, dessen Loyalität und Verschwiegenheit allseits anerkannt wurde. Er las dem König die eingegangene Post vor, und ihm diktierte Georg seine eigenen Briefe und Anweisungen an die Minister, die er dann mit einer breiten Feder mit „G.R." (= Georg Rex) abzeichnete.

In die Regierungsgeschäfte war schon der Kronprinz ausreichend eingeweiht worden. Kraft Geburt gehörte er der Ersten Kammer der Allgemeinen Ständeversammlung an. Seit 1843 nahm er an allen Kabinettssitzungen teil und wurde an den Vorbereitungen dazu beteiligt, und bei längerer Abwesenheit des Vaters übertrug dieser ihm die volle Regierungsgewalt. So war ihm deutlich, daß er ohne vertraute Mitarbeiter und Zuarbeiter dem Amt nicht würde gerecht werden können. Als er den Bundestagsgesandten Georg von Schele zu seinem ersten leitenden Minister berief, tat er das mit der Begründung: *„Ein mit Blindheit getroffener Mann kann nicht wechseln wie ein anderer; er muß möglichst lange denselben vertrauten Mann um sich haben, der sein Siegel führt, der alles leitet etc."* (Behr 1973, S. 140). An diesen vernünftigen Grundsatz hat sich der König allerdings dann doch nicht gehalten; in den nur 15 Jahren seiner Regierungszeit benötigte er sechs Kabinette.

Auf die Politik Georgs V., die Hermann Oncken einmal zutreffend *„eine ergreifende Tragödie überlebten Gottesgnadentums"* genannt hat (Oncken 1910, S. 263), kann hier nicht näher eingegangen werden (vgl. Brosius 1979). Seine an absolutistischen Vorstellungen und am ›monarchischen Prinzip‹ orientierte Weltanschauung war zweifellos bereits in frühen Jahres durch die Erziehung und durch das Vorbild beider Eltern und auch eines Onkels, des Herzogs Karl von Mecklenburg-Strelitz, des Führers der Ultrakonservativen in Preußen, vorgeprägt worden. Doch geht man wohl nicht fehl, wenn man unterstellt, daß die Blindheit entscheidend zu der bedauerlichen Übersteigerung und Erstarrung dieses Weltbilds beigetragen hat. Die Zweifel an seiner Regierungstauglichkeit waren Georg natürlich nicht verborgen geblieben. Es wäre durchaus verständlich, wenn er in Reaktion auf solche kritischen Stimmen und vielleicht auch zur Unterdrückung von Selbstzweifeln sich in eine Trotzhaltung geflüchtet hätte, die dann in Überschätzung der eigenen Person und Absolutsetzung der eigenen Vorstellungswelt einmündete. *„Die Blindheit, die ihn im Grunde zu seinem Berufe untauglich machte, versuchte er durch ein ins Unheimliche gesteigertes Bewußtsein von der Hoheit seines fürstlichen Amtes auszugleichen. So wurde sein Mangel vollends sein Verderben"* (Oncken 1910, S. 261).

Man kann geradezu von einem Sendungsbewußtsein sprechen, für das eine tiefe Religiosität und ein lebendiger Geschichtssinn den Hintergrund bildeten. Vor wichtigen politischen Entscheidungen suchte er im Gebet den Rat Gottes zu erforschen, und wenn er dann zu einem Entschluß gekommen war, konnten rationale Argumente dagegen kaum noch etwas ausrichten. Als göttliche Vorsehung und Beweis für die Auserwähltheit seines Geschlechts erschien ihm die angebliche Rettung seines Sohnes aus Lebensgefahr bei einem nach Meinung von Beobachtern und auch des Kronprinzen selbst harmlosen Badeunfall auf Norderney; er ließ sie durch Gebete und Glockengeläut feiern und mit einem Denkmal verewigen. Solche realitätsfernen und übersteigerten Reaktionen waren keine Seltenheit; sie zeigen an, daß der König dazu neigte, die fehlende Anschauung durch seine eigene, von der Wirklichkeit abgehobene Vorstellung zu ersetzen.

Georg beschäftigte sich gern mit der Geschichte Hannovers und besonders mit der seines welfischen Hauses. In dessen glorreiche Vergangenheit sah er sich eingebunden und entnahm daraus die Verpflichtung, sich dieser Vergangenheit würdig zu erweisen. Das hieß zum einen, die Stellung Hannovers im Rahmen des Deutschen Bundes zu wahren und möglichst noch auszubauen, und andererseits, keinerlei Abstriche an seiner eigenen monarchischen Allgewalt zu dulden, weder nach innen durch Zugeständnisse an die bürgerlich-demokratische Bewegung noch nach außen durch Preisgabe von Souveränitätsrechten zugunsten einer gestärkten Zentralgewalt. Es läßt sich kaum bestreiten, daß gerade in diesem Punkt der Mangel an eigener bildhafter Erfahrung die Maßstäbe des blinden Königs verfälschte und ihn daran hinderte, die reale Situation zur Kenntnis zu nehmen. Er sah in der geographischen Lage Hannovers an Nordsee, Elbe, Weser und Ems eine besondere Gnade Gottes, die den welfischen Staat zu einer militärischen und handelspolitischen Vorrangstellung in Nordwestdeutschland vorbestimmt habe. Daß Preußen den Wettstreit um die Hegemonie im norddeutschen Raum längst für sich entschieden hatte, hätte Georg dem geschichtlichen Verlauf der Beziehungen beider Nachbarstaaten seit 1648 entnehmen können. Er weigerte sich aber, das zur Kenntnis zu nehmen, und blieb bis 1866 bei seiner Glorifizierung der Rolle und der Möglichkeiten Hannovers, der auf der anderen Seite eine wohl ebenfalls nur durch das Fehlen konkreter Anschauung erklärbare Geringschätzung der Machtposition des Hohenzollernstaats gegenüberstand. Um noch einmal Hermann Oncken zu zitieren: *„Nie hätten seine Vorstellungen von der Macht Hannovers so hoch steigen können, wenn er die geographische, militärische und wirtschaftliche Bedingtheit dieser Stellung mit eigenen Augen hätte sehen und vergleichen können"* (Oncken 1910, S. 262).

Es wäre die Aufgabe fähiger Berater gewesen, die Vorstellungen des Königs zurechtzurücken und ihn näher an die Realität heranzuführen. In den Kabinetten und in den Ministerien gab es genug Sachverstand, doch ließ Georg sich zu selten auf ihn ein. Das stets unterschwellig vorhandene Mißtrauen des Blinden, auf den offiziellen Wegen nicht ausreichend informiert zu werden, verleitete ihn dazu, sich mit einer kleinen Schar von inoffiziellen Ratgebern zu umgeben, einer ›hannoverschen Camarilla‹, deren Meinung ihm mehr galt als die manches Ministers. Bei ihrer

Auswahl orientierte sich Georg, wenn man Beobachtungen der Zeitgenossen glauben darf, vorwiegend am Klang der Stimmen. Erschienen ihm diese gefällig und sympathisch, so war es nicht schwer, sein Vertrauen zu erlangen. Auch wenn es sich nicht durchweg um selbstsüchtige Sumpfmenschen, unehrliche Ratgeber, widerliche Heuchler und unsaubere Schmarotzer (Busch 1867, S. 6-8) handelte, so spielten sie doch eine verhängnisvolle Rolle, weil sie dem König nach dem Munde redeten und ihn in seinem politischen Credo, in seinen Urteilen und Vorurteilen bestärkten. Genannt werden in diesem Zusammenhang immer wieder der Polizeidirektor und spätere Hildesheimer Landdrost Wermuth und die Regierungsräte Meding und Schow. Sie hatten an den Ministern vorbei unmittelbaren Zugang zum König, der infolge seiner Blindheit nicht in der Lage war, anhand des Minenspiels Heuchelei und Liebedienerei von ehrlicher Überzeugung zu unterscheiden.

Das bekannteste Beispiel eines Günstlings und Einschmeichlers, der seine Vertrauensstellung bei dem blinden Monarchen zum eigenen Vorteil zu nutzen wußte, ist der Hof- und Theaterfriseur Carl Lübrecht. Er rasierte und frisierte den König täglich, auch auf Reisen, und trug ihm dabei Klatschgeschichten und Informationen vor allem aus der Theaterwelt zu, an der Georg reges Interesse nahm. Dabei verstand er es geschickt, Bittschriften um Unterstützungen oder andere Vergünstigungen anzubringen, die ihm zugesteckt worden waren, und rühmte sich öffentlich, beim König jedes Anliegen durchsetzen zu können. Zu einem Eklat kam es 1858. Die Magdeburger Feuerversicherungsgesellschaft hatte seit Jahren vergeblich versucht, in Hannover Fuß zu fassen, war aber damit am Widerstand des Innenministers von Borries gescheitert, der eine weitere Konkurrenz für die Landschaftlichen Brandkassen nicht zulassen wollte. Die Versicherung machte einen klugen Schachzug: Sie ernannte Lübrecht zu ihrem Generalagenten im Königreich Hannover, und dieser erreichte es in der Tat, daß der König über den Kopf des Innenministers hinweg die Zulassung verfügte. Borries reichte zweimal seinen Rücktritt ein, den Georg V. aber nicht genehmigte, und fand sich schließlich mit der Niederlage ab (vgl. ausführlich: Brosius 1987).

Georg verfügte über ein glänzendes Gedächtnis, das sicherlich nach der Erblindung noch weiter trainiert worden war. Es half ihm bei der Ausübung der Regierungsgeschäfte; manchen Minister hat er durch seine Detailkenntnisse auch in komplizierten Angelegenheiten verblüfft, obwohl ihm schriftliche Unterlagen ja allenfalls durch die Vermittlung des Kabinettsrats Lex zur Verfügung standen. Aber auch im privaten Gespräch überraschte er viele Partner damit, daß er sich genau an weit zurückliegende Begegnungen erinnerte und mit nahezu jedem Berufsstand ein fachlich fundiertes Gespräch über das jeweilige Metier führen konnte.

Eine andere Begleiterscheinung der Blindheit war offenbar eine starke Sensibilisierung des musikalischen Empfindens. Georg V. liebte die Musik über alles. Er versuchte sich selbst als Komponist und schrieb über 200 Klavierstücke, Lieder und Orchestersätze. Konzert und Oper erlebten in seinen Regierungsjahren eine Blütezeit; der Etat des Hoforchesters wurde mehr als verdoppelt, und Hannover stieg zu einem der Zentren des deutschen Musiklebens auf. Schon als Zwanzigjähriger verfaßte Georg eine Schrift mit dem Titel ›Ideen und Betrachtungen über die Eigenschaften der Musik‹, die 1858 anonym gedruckt wurde. In einem anderen Manuskript ›Über Musik und Gesang‹ verglich er das optische und das akustische Wahrnehmungsvermögen miteinander und kam zu dem Ergebnis, das Gehör sei *„das kraftvollste und wirkungsreichste der beiden Organe, weil durch unharmonische, mißklingende Töne unser Gefühl bis in seine tiefsten Tiefen so erschüttert und schmerzhaft verletzt werden kann, daß man darüber fast außer sich gerät; welcher Eindruck durch ein schlechtes Gemälde, eine traurige Gegend oder ein mangelhaftes Gedicht in uns unmöglich hervorgebracht werden kann"* (HstA Hannover, Dep. 103 II K 40). In die gleiche Richtung zielt eine Bemerkung des Königs, von allen Sinnesorganen könne man auf die Augen noch am leichtesten verzichten (Meding 1881, S. 13). Hierbei ist doch wohl ein bewußtes Herunterspielen des eigenen körperlichen Defizits zu verspüren, wofür man aber um der damit verbundenen Selbstbestätigung willen durchaus Verständnis aufbringen kann.

Gerade im Bereich der Musik wurde dem König noch kurz vor seinem Sturz eine Demütigung zugefügt, die ihm als Sehendem wohl erspart geblieben wäre. Im Januar 1866 erschien der Pianist Gustav Satter in Hannover, gab am Hofe ein Konzert und war dabei dreist genug, in ein Potpourri von Volksliedern zwei Kompositionen Georgs V. einzufügen und zu behaupten, diese Melodien würden in Amerika vom Volk auf der Straße gesungen. Niemand wagte es, den geschmeichelten Monarchen auf die offenkundige Täuschung aufmerksam zu machen; er ernannte Satter umgehend zum Kapellmeister und übertrug ihm die Leitung eines Konzerts mit Satter'schen Kompositionen. Nachdem die Aufführung mit einem Fiasko geendet hatte, flog der Schwindel auf. Satter verschwand über Nacht aus Hannover und ließ den König in der Rolle des Dupierten zurück (Fischer 1903, S. 282-286).

Nach seinem Sturz vom Thron im Jahr 1866 trug die Blindheit Georgs wesentlich dazu bei, sein Bild bei seinen hannoverschen Landsleuten – zumindest bei denen, die dem Welfenhaus die Treue hielten – zu verklären. Das fehlende Sehvermögen und das traurige Schicksal des Exils wirkten zusammen und erzeugten eine Stimmung des Mitleids, die in der Parole gipfelte, man dürfe einen so unglücklichen Mann nicht noch durch Vorwürfe beschweren. Alle Kritik, die man vor der Annexion am König und seiner Regierung geübt hatte, war nun vergessen oder wurde unterdrückt. Daß die Blindheit sein Weltbild und seine Politik auf verhängnisvolle Weise mitgeprägt hatte, hielt man für eine böswillige Unterstellung der nationalliberalen Gegner. Erst Historiker wie Hermann Oncken und Friedrich Thimme haben, gestützt auf die Aussagen der archivalischen Quellen, die Beweise dafür erbracht (Oncken 1910; Thimme 1901, S. 412ff.).

Literatur:

Behr 1973
Behr, Hans-Joachim: Georg von Schele 1771-1844 – Staatsmann oder Doktrinär? Osnabrück 1973.

Brosius 1979
Brosius, Dieter: Georg V. von Hannover – der König des „monarchischen Prinzips". In: Niedersächsisches Jahrbuch für Landesgeschichte 51 (1979), S. 253-291.

Brosius 1987
Brosius, Dieter: Der Kampf der Magdeburger Feuerversicherungs-Gesellschaft um die Zulassung im Königreich Hannover. Hannover 1987.

Busch 1867
Busch, Moritz: Das Übergangsjahr in Hannover, Leipzig 1867.

Fischer 1903
Fischer, Georg: Musik in Hannover. Hannover 1903.

Hassell 1898
Hassell, William von: Geschichte des Königreichs Hannover. Bd. 1, Bremen und Leipzig 1898.

Hartmann 1890
Hartmann, Julius: Erinnerungen eines Deutschen Offiziers 1848-1871. 3. Auflage Wiesbaden 1890.

Krüger 1992
Krüger, Jürgen: Blindheit und Königtum. Die Blindheit des Königs Georg V. von Hannover als verfassungsrechtliches Problem. Frankfurt/M 1992 (= Rechtshistorische Reihe Bd. 108).

Leonhardt 1959
Leonhardt, Hinrich Hermann: Der blinde König. Der Schicksalsweg eines Vertriebenen. Hannover 1959.

Meding 1881
Meding, Oskar: Memoiren zur Zeitgeschichte. Bd. 1, Leipzig 1881.

Oncken 1910
Oncken, Herrmann: Rudolf von Bennigsen. Bd. 1, Stuttgart und Leipzig 1910.

Thimme 1901
Thimme, Friedrich: Die Literatur zur hannoverschen Landesgeschichte (1813-1866). In: Zeitschrift des historischen Vereins für Niedersachsen 1901, S. 408-460.

Van Thal 1936
Van Thal, Herbert: Ernest Augustus. Duke of Cumberland & King of Hanover. A brief survey of the man and his times. London 1936.

Ralf Busch

König Georg V. im Portrait

Das Fürstenbildnis weist vielfältige Funktionen auf. Als singuläres Gemälde diente es der persönlichen Repräsentanz, die öffentlich an geeigneten Orten (so der ›Königswand‹ in der Aula der Göttinger Universität) oder im heimischen Umfeld patriotisch gehobener Gesellschaft präsent war. Die massenhaft verbreitete Druckgraphik erreichte auch den weniger begüterten Haushalt. Besonders der Steindruck trug zur Verbreitung von Bildern bei.

Die Lithographie hatte Alois Senefelder (1771-1834) bis 1799 entwickelt und alsbald publik gemacht, die er zunächst als ›chemische Druckerey‹ bezeichnete. Die Kenntnis darüber verbreitete sich rasch, nicht zuletzt durch sein Lehrbuch von 1818. Ihr Vorzug lag in der Möglichkeit hoher Auflagen. So wurde die Lithographie besonders in ihrer bildlichen Anwendung zu einem populären Propagandamaterial, was durchaus positiv gemeint war. Nun konnten eben auch Bildnisse und eben solche von regierenden Fürsten massenhaft verbreitet werden, um sie in das Bewußtsein der Bevölkerung zu tragen. So konnte ein gewünschtes Bild vermittelt werden, dem man eine bestimmte Tendenz unterlegen konnte.

Es ist ganz unmöglich, in diesem Rahmen die Bildnisse von König Georg V. von Hannover auch nur annähernd darzustellen. Zu umfangreich und verstreut ist der Bestand und der Hang zur Vollständigkeit wäre weder ein kunsthistorisches noch historisches Anliegen. Wir wollen also gezielt aussuchen und Akzente setzen, die aber manche Erkenntnisse eröffnen.

Das Thema hier fokussiert in einem einzigen: Ein König, der schon im Alter von 14 Jahren erblindete, ist in seiner Regierungsfähigkeit begrenzt und wenn er dann auch noch die Pflege der Baukultur und der Restaurierung historischer Bauten geradezu nachhaltig pflegte, also eben einen Bereich, den das sehende Auge herausfordert, muß ein Bild von ihm vermittelt werden, das ihn als tatkräftigen Herrscher vermittelt. Zudem soll sichtbar werden, daß er die Staatsgeschäfte zu lenken weiß. Künstler waren also besonders gefordert, diese Botschaft zu vermitteln.

Sein Vater Ernst August Herzog von Cumberland wurde 1771 als Sohn von Georg III., König von Großbritannien und Kurfürst von Hannover, geboren. Als viertes Kind war ihm eine Regentschaft kaum vorbestimmt. Als jedoch Königin Victoria 1837 den englischen Thron bestieg, und da die weibliche Thronfolge in Hannover nicht möglich war, wurde Ernst August König in Hannover. Sein 1819 geborener Sohn Georg stieg zum Kronprinzen auf. Die mit dem 14. Lebensjahr erfolgte Erblindung verhindert seine Thronfolge nicht, die 1851 nach Ableben seines Vaters erfolgte (vgl. Beitrag Brosius in diesem Band).

Spätestens nun war erforderlich, den König als handelnden Herrscher darzustellen, wozu die Druckgraphik ein geeignetes Mittel abgab.

Blicken wir also auf jene Darstellungen, die geeignet waren, größere Kreise zu erreichen. Die Jugendbildnisse haben das in ihrer Mehrheit noch nicht bezweckt (Abb. 1).

Abb. 1: S. K. H. Prinz George von Cumberland (1825), Lithographie von Johann Renatus von Lüderitz, nach einer Zeichnung von F. Krüger, gedruckt in der königlichen Lithographie Institut Berlin 13 x 18 cm, Adresse in deutsch und englisch (Historisches Museum Am Hohen Ufer, Hannover).

Kaum war zu erwarten, daß er in eine regierende Funktion würde gelangen können. Bis 1837 konnte kein besonderes Interesse an seiner Person bestehen. So sind die Jugendbildnisse noch eher persönlich gehalten und bis zu seiner Erblindung schaut er uns noch fröhlich an. Nach der Katastrophe wandelt sich die Darstellungsweise.

Abb. 2: Georg Kronprinz von Hannover. Gez. von Krüger, Lith. von Jentzen, Verlag L. Sachse u. Co., Berlin, 63,5 x 48,4 cm (Städt. Museum Göttingen)

Nun wird der Kronprinz (Abb. 2) und spätere König nur noch im Profil oder Schrägansicht gezeigt. Die Blindheit seit 1833 wird keineswegs verschwiegen. Die Darstellungen nun wenden den Blick nach oben, in eine endlose Ferne gerichtet und man vermeidet Darstellungen, die frontal gesehen sind. Die Blindheit wird nicht kaschiert, sondern so dargestellt, daß sie Mitempfinden aufkommen läßt. Man möchte fast meinen, ein Empfinden des Mitleids wird transportiert. Eben dieses ist Gegenstand der Darstellungsweise als Anteil der Propaganda für einen König, der sein Gottesgnadentum empfand und praktizierte, über die Behinderung hinaus. Von nun an wird seine Behinderung Gegenstand der Darstellung. Abweichend von der Darstellungsweise im Gemälde und der Druckgraphik wird das Porträt nach der Thronbesteigung auf Münzen anders gestaltet. Hier erscheint der König immer im Profil und die Blindheit ist nicht erkennbar.

Wenn wir auch überwiegend die Lithographie wegen ihrer weiten Verbreitung betrachten wollen, ist zunächst eines Malers zu gedenken. Zu handeln ist von Carl Wilhelm Friedrich Oesterley (1805-1891), der zunächst in Göttingen lebte und an der Universität kunstgeschichtliche Vorlesungen hielt, bis er 1845 als Hofmaler nach Hannover berufen wurde. In dem Werkverzeichnis (Senf 1957, Nr. 62)[1] ist allerdings nur eine Portraitzeichnung von Georg V. um 1855/57 nachgewie-

Abb. 3: Kronprinz Georg von Hannover (um 1849), Lithographien von Fr. Hanfstaengel nach einer Zeichnung von Conrad l'Allemand (1809 – 1880), 57,3 x 40,8 cm (Bomann Museum, Celle)

sen, wohingegen in seinem Kassenbuch, das Renate Senf auszugsweise veröffentlicht hat, 31 Portraitgemälde genannt sind. Ab 1852 wurde er nach und nach von Friedrich Kaulbach verdrängt, der sich in Hannover niedergelassen hatte. Er bevorzugte das Gruppenportrait mit reichlichem Hintergrund, wogegen Oesterley das Einzelportrait ohne Hintergrund pflegte. Darin ist ihm sein Sohn Carl (Carlo) August Heinrich Ferdinand Oesterley (1839-1930) gefolgt.

Wenden wir uns nun der Lithographie zu und betrachten einige ausgewählte Beispiele in annähernder chronologischer Reihenfolge.

Noch als Kronprinz sieht ihn Conrad l'Allemand in einer Zeichnung, nach der

Abb. 4: Kronprinz Georg (1842), Lithographie nach einer Zeichnung von C. Ramberg, lithographiert u. gedr. J. Giere, königlicher Hoflithograph zu Hannover, 20,2 x 16,5 cm (Städtisches Museum, Göttingen)

Fr. Hanfstaengel eine Lithographie anfertigte (Abb. 3). Wie jetzt und auch später ist der Dargestellte in Uniform gezeigt. Damit erhält das Portrait seinen offiziellen Charakter, meint die Person in ihrer Funktion. Schon hier zeigt sich die betonte Darstellung der Blindheit. Den Hintergrund bildet eine fiktive Säulenarchitektur, was dem Portrait Halt und dem Bild Fülle gibt. Das kann man in dem bescheidenen Brustbild nach C. Ramberg nicht behaupten (Abb. 4). Der König wenige Jahre nach der Thronbesteigung wird in einer Lithographie geschildert, deren Zeichner seltsamerweise anonym bleibt (Abb. 5). Auch hier ist die Blindheit deutlich dargestellt. Im Hintergrund erscheint Schloß Herrenhausen zu Hannover, die Sommerresidenz der königlichen Familie.

Die Anreicherung durch weitere Beispiele würde das Thema der Darstel-

Abb. 5: König Georg V. (um 1855), Lithographie, Druck und Verlag A. Felgner, Berlin, 35 x 26 cm (Städtisches Museum, Göttingen)

Abb. 6: König Georg V. von Hannover (um 1860), Ölgemälde von Franz Xaver Winterhalter (1805 – 1873) (zugeschr.), 89 x 74 cm (Bomann Museum, Celle)

lung des Königs in seiner Gesamtheit nicht vertiefen können, daher verzichten wir auf weitere durchaus vorhandene Beispiele, sondern wollen doch noch ein Gemälde anschließen, das in diesem Zusammenhang wichtig erscheint. Dabei verzichten wir auf das hervorrangede Gemälde von Friedrich Kaulbach, ›Die königliche Familie von Hannover‹ von 1859/60 (Moritz 2000, S. 152, hier Abb. 8), das wegen seiner Gruppendarstellung nicht zu unserem Thema gerechnet wird, wiewohl hier der König in seiner Blindheit mit geradezu geschlossenen Augen dargestellt ist. Das hat dann ähnlich treffend Franz Xaver Winterhalter gestaltet (Abb. 6, Farbtafel 32).

Winterhalter war ein hervorragender Portraitmaler. Obwohl er 1834 Hofmaler am badischen Hof in Karlsruhe wurde, ließ er sich doch noch im selben Jahr in Paris nieder. Von hier aus wurde er bald der beliebteste Maler aller europäischen Höfe und erstmals wurde er 1841 nach London gerufen, wurde dort der wohl beliebteste Portraitmaler von Königin Victoria und ihrer Familie.[2] Von eben diesem so gefragten Maler kennen wir auch ein Gemälde von Georg V. aus der Zeit um 1860. Sicher ist es konventioneller gehalten als das sonst bei Winterhalter der Fall war, der Verzicht auf Hintergrund war eher ungewöhnlich, aber niemand hat die Blindheit des Königs so vollkommen getroffen und zugleich seine Würde, sein Selbstbewußtsein, ja sagen wir ruhig sein Gottesgnadentum, so nachhaltig zum Ausdruck zu bringen vermocht.

Mit dem letzten Beispiel kehren wir zum eigentlichen Gegenstand dieser Ausstellung zurück. Georg V. hat in seinen denkmalpflegerischen Bestrebungen sich auch der Schloßkapelle in Celle zugewandt. Das Schloß in Celle fungierte als 2. Residenz und wurde häufiger vom König und seiner Familie aufgesucht (Busch 1965). Jedenfalls führte diese Zuneigung für den Ort 1864 zu einer auf königliche Anordnung erfolgten Restaurierung der Schloßkapelle. Restaurierung bedeutete Reinigung der Gemälde, aber auch Veränderung. Die Decke wurde blau mit goldenen Sternen überzogen. Ob hierbei Schinkels Bühnenentwurf für die Zauberflöte Mozarts Pate stand, durch den diese Himmeldarstellung Mode wurde, die ja auch in der Celler Synagoge Einzug hielt, oder ob seine Blindheit dieses Motiv aufzugreifen angezeigt hat, sei dahingestellt. Jedenfalls waren die Arbeiten bis 1866 abge-

schlossen. Die gedachte feierliche Einweihung fand aber nicht mehr statt, da der
König inzwischen ins Exil gegangen war.
Aber er wollte seine Bemühung in Erinnerung halten. Carl Oesterley (d. J.) schuf ein
Gemälde, das den König und die Königin
am Altar kniend darstellt. Die Architektur
im Hintergrund deutet auf die Schloßkapelle
auf der Marienburg. Der König ist im Ornat des Hosenbandordens dargestellt.[3] Eben
dieses Gemälde wurde in der Schloßkapelle angebracht.

Die Schwester des Künstlers, Marie Oesterley, hat hiervon eine stark verkleinerte
und daher vergröberte Kopie angefertigt
(Abb. 7). Der König läßt seine Tat der Restaurierung in Erinnerung halten, hier in Celle
nicht durch eine Inschrift, sondern durch ein
Gemälde. Es spricht für sich selbst. Dem
Zeitgenossen verständlich, der Nachwelt
erklärungsbedürftig.

Die Darstellungen des Königs können weit-
gehend dem Typ des ›Uniformstücks‹ der
Herrscher zugerechnet werden, wie es
schon sein Vater bevorzugt hat. Karl Arndt
hat das sehr anschaulich geschildert (Arndt
2000, S. 81) und hervorgehoben, wie das
Selbstverständnis des Herrschers durch diese Art der Darstellung eine neue Ausprä-
gung erhält.

Was das Bild zu vermitteln vermag, ist auch
literarisch belegt. Nur eine Schilderung des
Königs mag dafür stehen.

Jedermann war von seiner würdevollen
majestätischen Haltung beeindruckt und nur
selten mischten sich in Beschreibungen, von

Abb. 7: König Georg V. und Königin
Marie (um 1865), Ölgemälde von Marie
Oesterley (1842 – 1916), 33,5 x 15,5 cm
(Bomann Museum, Celle)

denen wir eine ganze Reihe besitzen, so kritische Untertöne wie bei der folgenden:
„*Georg V. war ein schöner Mann. Seine hohe, kräftige und ebenmäßige Gestalt überragte alle. Er hielt sich sehr gerade, wie Blinde, die mit den Füßen
tasten wollen, etwas nach hinten übergeneigt. Seinen schönen Kopf trug er
stolz aufwärts, ebenfalls etwas nach hinten und ein wenig nach der Seite, als
wollte er mit seinen Ohren sicherer erfassen, was seine Augen nicht wahrneh-*

men konnten. Sein fein geschnittenes Gesicht hatte einen Ausdruck, der zuversichtlich erscheinen wollte und dennoch das traurige Gefühl des körperlichen Gebrechens verriet. Den Augen sah man die vollständige Blindheit an. Die Züge deuteten auf Verstand, jedoch auch auf einen starren Sinn ... Seine Stimme war klangvoll und weich, mit einer hohen Färbung" (Hartmann 1890, S. 22). Die gleiche beherrschte, seiner königlichen Stellung jederzeit bewußte Haltung bewahrte sich Georg auch im Exil; erst in den letzten beiden Lebensjahren bewirkte seine tödliche Erkrankung einen raschen Verfall (Brosius 1979, S. 268; vgl. Beitrag I. Spitzbarth in diesem Band).

Anmerkungen

1 Neuerdings hat Arndt 2000 das Werk aktueller und neu bewertend dargestellt, was dem Künstler eine gerechtfertigte neue Gewichtung gewährt, der ich gerne folge auch im Hinblick auf meine Studienzeit bei K. Arndt in Göttingen.
2 Worüber wir eine subtile Studie nennen: Millar 1997, die schon deswegen nützlich ist, da sie die deutlichen Qualitätsunterschiede verdeutlicht, zwischen dem was in Hannover und London entstand.
3 Im Historischen Museum am Hohen Ufer in Hannover befindet sich ein Aquarell, das den König frontal in diesem Ornat mit allen Details mit Farbhinweisen darstellt. Inv.Nr. VH 24648, undatiert; aber die Details sind in dem Celler Gemälde wiederzufinden.

Literatur

Arndt 2000
Arndt, Karl: Carl Wilhelm Oesterley, ein Göttinger Kunsthistoriker, Maler und Zeichner. In: Göttinger Jahrbuch 48 (2000), S. 67-95.

Brosius 1979
Brosius, Dieter: Georg V. von Hannover – der König des „monarchischen Prinzips". In: Niedersächsisches Jahrbuch für Landesgeschichte 51 (1979), S. 253-291.

Busch 1965
Busch, Ralf: Georg V. und Celle. In: Cellesche Zeitung vom 26. 6. 1965.

Hartmann 1890
Hartmann, J.: Erinnerungen eines Deutschen Offiziers 1848-1871. Wiesbaden 1980.

Millar 1997
Millar, O.: Königin Victoria auch Prinz Albert – Deutsche Bilder und deutsche Maler. In: Victoria und Albert. Vicky und The Kaiser. Ein Kapitel deutsch-englischer Familiengeschichte. Hg. von W. Rogasch, Berlin 1997, S. 57-64.

Moritz 2000
Moritz, Thomas: Georg V., das Haus Hannover, die Welfen, die Plesse und Göttingen. Einführende historische und biographische Daten. In: Thomas Moritz (Hg.): Eine Feste Burg – die Plesse. Interdisziplinäre Burgenforschung. Göttingen 2000, S. 147-161.

Senf 1957
Senf, Renate: Das künstlerische Werk von Carl Oesterley. Göttingen 1957.

Gudrun Keindorf

„.... daß vor alten Zeiten ... dieser Ort einer der gewaltigsten Festungen in Deutschland gewesen seyn möchte"

Die touristische Erschließung der Burg Plesse

Der Auflassung der Burg Plesse um 1660 (Burckhardt 1865, S. 97) folgt eine Phase des schleichenden Verfalls, die sich an der Gegenüberstellung des Stiches von Dilich (1605) und von Meier (1713), der die Anlage erstmals als Ruine darstellt, gut verfolgen läßt (Aufgebauer 2002, S. 6, hier Abb. 1 und 2). Über diese rund 50 Jahre, die zwischen den beiden Abbildungen liegen, gibt es kaum zuverlässige Informationen, sieht man einmal von den gelegentlichen Berichten über ›Steinbrecher‹ ab, die sich angeblich Baumaterial auf der Burg besorgten (Last 1975, S. 191f.). Auch Meier selbst interessiert sich weniger für die Burg als für die Geschichte des 1571 ausgestorbenen Geschlechtes derer von Plesse. Sein Buch ›Origines et Antiqvitates Plessenses‹ (Meier 1713) ist als pro-welfisches Gutachten zu verstehen, denn noch immer war beim Reichskammergericht ein Verfahren anhängig, das die Rechtmäßigkeit der hessischen Besitznahme von 1571 in Frage stellte (Keindorf 1995, S. 19-21).

Wenige Jahrzehnte später steigt das Interesse für die – jetzt sehr ruinöse – Burganlage an. Es sind zunächst vor allem die Angehörigen der 1737 gegründeten Georgia Augusta, die sich von Göttingen aus auf den Weg machen. Die im Rahmen der Universitätsgründung erschienene ›Zeit- und Geschichts-Beschreibung der Stadt Göttingen‹ schlägt vor:

„Hat jemand Belieben, sich die Zerstöhrung Jerusalems im kleinen vorzustellen, der begebe sich auff das alte Hauß Plesse: gewiß er wird Gelegenheit genug finden, die ehemalige Beschaffenheit dieses alten festen Berg-Schlosses, aus dessen vortheilhafftiger und hoher Lage und denen noch zum Theil stehenden Mauern zu bewundern, und daneben die Wandelbarkeit des Glücks und der irdischen Dinge bey sich zu überlegen. Übrigens wird er in dem dran stossenden Walde sein Vergnügen finden können und die schöne Aussicht hat wenig ihres gleichen." (Gruber 1734-38, Bd. II, S. 119f.)

Beredetes Zeugnis hiervon legt auch der bereits 1744 erschienene Roman des Otto Bernhard Verdion ab, der nicht nur über seine ›wunderbare Begebenheit‹ mit dem ›Stillen Volk zu Plesse‹ berichtet (Keindorf 1995, S. 133-149, 305-315), sondern zugleich Einblicke in die Lebensweise der Göttinger Studenten und die Bovender ›Vergnügungsmeile‹ gewährt (Verdion 1744, S. 1-14). Gemäß seiner Grunderkenntnis, daß *„Gott, als die eintzige Quelle aller Weißheit und guten Gaben"* (ebd., S. 2), anzusehen ist, verfolgt der Ich-Erzähler einen moralisierenden Zweck. Er stellt sich selbst als Muster der Lernbeflissenheit und des guten Benehmens, einen Kommilitonen, *„eines in meiner Vater-Stadt wohnenden sehr vornehmen Mannes Sohn"* (ebd., S. 3) als genaues Gegenteil und Muster übelster ›Ausschweiffungen‹ dar. *„Diese Lebens-Art führete er die gantze Zeit, als er zu*

Göttingen gewesen, beständig und unverrückt fort, und es wurde dieselbe durch keinen andern Zufall unterbrochen, als wenn er etwa eine Lust-Reise in die benachbarten Städte oder Dörfer that, oder aber Gelegenheit fand, bey seiner jungen recht schönen Wirthin allein zu seyn; diese hatte ihm schon seit einem gantzen Jahre ein Collegium privatissimum naturale Physicum über die Erzeugung des Menschen gelesen, und davor, wie ich glaube, von seinen 1000 Rthalern, die er alljährlich zu verzehren hatte, ein sehr ansehnliches Honorarium gezogen" (ebd., S. 5).

Kurz vor der endgültigen Abreise dieses Kommilitonen sieht sich der Ich-Erzähler genötigt, für die hinterlassenen Schulden desselben zu bürgen. Nachdem der angekündigte Wechsel ausbleibt, muß der Ich-Erzähler nun seinerseits heimlich die Stadt verlassen, um den Schuldnern zu entgehen. Er begibt sich *„zu Fuße aus dem Wehnder=Thor immer auf den Heßischen Flecken Bovenden zu. Das angenehme Wetter, indem es ein recht schöner Herbst=Tag kurz vor Michaelis war, machte mich bey meiner Wallfarth ziemlich vergnügt, und ich war, ohne mich groß zu bemühn, nach Verlauf einer Stunde zu Bovenden angelanget. Aus gewissen Ursachen* [d. i. akuter Geldmangel] *wolte ich mit Fleiß in keines von den vornehmsten Wirths-Häusern gehen, zumahl da ich in selbigen Nachmittags=Stunden starcke Gesellschaft aus Göttingen vermuthen muste, ich gieng derowegen in ein geringes, der Hoffnung, daselbst allein zu seyn"* (ebd., S. 12).

Das landgräflich hessische Amt Bovenden ist also innerhalb kürzester Zeit von den Studenten okkupiert worden, einmal wegen der räumlichen Nähe, dann aber auch wegen der deutlich niedrigeren Preise, insbesondere des Branntweins. Zur Bovender Infrastruktur gehören aber auch die Huren, denn in dem besagten ›geringeren Wirtshaus‹ *„sprungen mir ein paar liederliche Weibes=Stücker entgegen, hiessen mich freundlich willkommen, und fragten: Ob ich denn so alleine käme, und die Herren B = = und F = = nicht mitbrächte? Als welche ihnen ihren Zuspruch gantz gewiß versichert hätten"* (ebd., S. 12). Unser moralischer Held *„kommt mit guter Manier nicht nur zum Hause, sondern auch zum Flecken heraus"*, stellt aber dann fest, daß er im *„Wirths=Hause zum Rauschen Wasser [...] die verlangte Einsamkeit"* auch nicht findet, da *„eine starcke Compagnie Studenten zu Pferde von Göttingen in vollen Gallop auf das Wirths=Haus zu eileten"* (ebd.). Er verdrückt sich hinter die Büsche, um nicht gesehen zu werden, und entschwindet *„nach dem nur etwa 300 Schritte weit davon entfernten Dorffe Edigehausen"* (ebd., S. 13) in das dortige Wirthaus, wo er zu Mittag ißt. Bei diesem Gasthaus handelt sich mit Sicherheit um den ›Letzten Heller‹, der in den Jahren 1735 bis 1737 von Dr. Thilenius, einem berühmten Wundarzt und Chirurgen (Bernotat 1974, S. 64f.), errichtet worden war, wie die Schilderung eines Krankenlagers in der Stube des Wirthshauses belegt (Verdion 1744, S. 13). Von hier aus begibt er sich auf die Burg.

„Hier fiel mir sogleich auf einmal gantz in der Nähe das Schloß Plesse in die Augen, und ich fand augenblicklich eine ausserordentliche Begierde in mei-

nem Hertzen, dieses berühmte Schloß zu besteigen, mithin ein solches Denck-
mahl des Alterthums und der vorigen Zeiten in gantz genauen Augenschein
zu nehmen, auch recht sinnreich zu betrachten" (ebd., S. 14). Der Ich-Erzähler
beschließt, hinaufzuwandern, den Tag mit Lesen, Rauchen und Gucken zu vertrei-
ben, um dann die Nacht im Gasthaus am Rauschenwasser zu verbringen. Oben
angekommen, ist er offensichtlich völlig allein – ein Indiz dafür, daß die Burg damals noch nicht zum Standardprogramm der Universitätsangehörigen zählte, denen die Wirthäuser offensichtlich lieber waren.

„Als ich oben hinauf und an das alte Schloß kam, so konte ich den vortreff-
lichen Platz, woselbst man auf viele Meilen Weges umher viele Städte, Flek-
ken, Dörffer, und Adeliche Höfe übersehen kan, nicht genugsam bewundern.
Nachdem mich aber an dieser unvergleichlichen Aussicht eine gute Weile
gantz ungemein ergötzt hatte, so besahe mit nicht viel geringerer Verwunde-
rung den ungeheuren Felsen, worauf die vielen alten Gebäude gestanden,
das hin und wieder stehende starcke Gemäuere, nebst denen noch aufrecht
stehenden festen Thürmen, und schloß daraus, daß vor alten Zeiten, da das
Pulver noch nicht erfunden gewesen, dieser Ort einer der gewaltigsten Festun-
gen in Deutschland gewesen seyn möchte" (ebd., S. 15).

Verdions Schilderung zitiert Letzners Brunnenbeschreibung (ebd., S. 19), die also
als Inspirationsquelle anzusehen ist (Keindorf 1995, S. 69-82; Keindorf 2002). Diese
Brunnenbeschreibung war durch Meier (1713, S. 125f.) zugänglich. Vielleicht handelt es sich bei dem mehrfach erwähnten Buch, das der Ich-Erzähler mit sich
führt, sogar um Meiers Chronik, dessen Ruinendarstellung die direkte Vorlage für
das Verdion'sche Titelkupfer bildet (Abb. 1).

Die Beschreibung des Ausflugs bis zu diesem Punkt wurde deshalb so ausführlich
zitiert, weil sie eine genaue Ortskenntnis verrät, und zwar zu einem Zeitpunkt als
literarische Vorlagen die Sichtweise des Besuchers noch nicht ›kanalisieren‹. Dem
Ich-Erzähler geht es dabei nicht um eine detailreiche Beschreibung der Burganlage, das eigentliche Anliegen ist die Beschreibung der unterirdischen Welt des ›Stillen Volkes zu Plesse‹, die er unter Führung eines Zwerges, der ihn vor einem
mitternächtlichen Unwetter rettet, durch den *„vortreflichen ausgehauenen Brun-*
nen" (Verdion 1744, S. 15) erreicht. Moralisch belehrt und reich beschenkt kehrt
er an die Oberwelt zurück, um schleunigst in der Stadt sämtliche Schulden zu
begleichen.

Die ›Wunderbare Begebenheit‹ lenkt offensichtlich verstärktes Interesse auf die
Burganlage. Nur zwei Jahre nach dem Erscheinen des Buches werden am 20.
April 1746 unbekannte Schatzgräber in einem Eddigehäuser Garten beobachtet
(Last 1975, S. 176). Beim Schatzgraben im Jahr 1752 soll im Westteil der Kapelle
ein Loch gegraben und dabei ein ›Leichstein‹ freigelegt worden sein (ebd., S. 177).
Der Bericht konnte 1983 bei den archäologischen Grabungen im dortigen Bereich
verifiziert werden (Moritz 1984, S. 95 mit. Abb. 27 und 49). Im Jahr 1753 kam es
sogar zu einer zweitägigen Schatzgrabung unter obrigkeitlicher Aufsicht (Last 1975,

Abb. 1: Titelkupfer zu Verdion 1744. Es handelt sich um eine Adaption von Meier 1713, bei der das Element ›Burg‹ isoliert wird. Der Großteil der Umgebung fehlt; wo bei Meier Eddigehausen zu sehen ist, halten sich bei Verdion der Student und der Zwerg auf, obwohl das Treffen laut Text innerhalb der Burg stattfindet.

S. 177), ein Verfahren, daß im hessen-kasselischen Bereich in der 2. Hälfte des 18. Jh. häufiger belegt ist (Steinwascher 1983).

Immer häufiger verewigen die Besucher der Burganlage sich auf verschiedenste Weise. Um 1750 ritzen Besucher das Datum ihres Besuches in die Bäume, die mittlerweile das Burgareal überwuchern. Zeichnungen, wie z.B. die von L. A. Gebhardi aus dem Jahr 1753 (Last 1975, Abb. 94-97), legen hiervon ebenso Zeugnis ab, wie Gedichte oder kurze Erwähnungen in Reiseberichten. Inspiriert von dem Naturempfinden der Dichter des ›Göttinger Hains‹ (vgl. Kemper 2002, S. 135ff.) schreibt die Göttinger Professorentochter Therese Heyne (und spätere Ehefrau des Weltumseglers Forster) 1782 in einem Brief:

„So ein befremdeter, bezaubernder Anblick ist gar nicht zu beschreiben. Die hohen Türme und gespaltenen Mauern, die unter Schutt und Gesträuch sich erhalten und ehrwürdig auf das tiefe Tal herabsehen. [...] Der Anblick war göttlich! und so unerwartet – man glaubt, der Wald geht nun fort bis zum Schloß, und auf einmal steht man gerade und hat ein tiefes Tal vor sich. Dann mußte man rund um den halben Kessel herum gehn durch dichten Wald, und auf einmal steht man vor dem verschütteten Graben des Schlosses. Wo ehemals die Zugbrücke war, ist der Turm niedergebrochen, um einen Eingang zu lassen; aus dem Graben wachsen hohe Eichen in die Mauern herauf. [...] ein Wohnhaus aber ist schon so verschüttet, daß nur noch ein einige Fuß hohes Loch da ist, und in der Nähe wachsen, mitten in den ehemaligen

Zimmern Bäume heraus, wo die Jahreszahlen von 32, 1760 und noch früher hineingeschnitten sind [...]" (Gresky 1970, S. 121).

Wesentlich prosaischer klingt die Erwähnung von Jonas Apelblad, Landrichter in Schweden, aus den 1760er Jahren, die 1785 auf deutsch erschien.

„Von Göttingen nach Nordheim (2 Meil.) trifft man aus 2 schlechte Städte, Boften und Nördten. Die erste liegt kaum ½ Meile von Göttingen, und gehöret zum hessischen Gebiete. Der Ort hat einige Nahrung vom Tobakshandel, der Studenten wegen, welche hier ihren sogenannten Perum optimum subter solem einkaufen und accisefrey einführen. Auch ist dieser Ort eine Zuflucht für diejenigen, die etwas verbrochen haben, oder Schulden wegen sich dort nicht bergen können. [...] Man sieht hier am Wege das alte Bergschloß Plesse, das Stammhaus der ehemaligen Grafen dieses Nahmens, wovon die Linie mit dem letzten Grafen Dietrich im Jahr 1571 erlosch. Die Graben um das Schloß sind in Stein ausgehauen" (Apelblad 1785, S. 325).

Im gleichen Jahr erscheint unter dem Deckmantel der ›Statistik‹ eine Schrift, die man heutigentags wohl als ›alternativen Reiseführer‹ bezeichnen würde. Der Autor Gottlieb Christian Heinrich List hatte alle Ursache, anonym zu bleiben, denn seine Beschreibung läuft darauf hinaus, den *„Herren Subscribenten, worunter nota bene auch einige Damen sind"* (List 1785, S. IV) Aufklärung darüber zu geben, welche Vergnügungen im hessischen Flecken Bovenden zu welchem Preis zu erlangen sind. Die *„liederliche Weibes=Stücker"*, über die sich Verdion (1744, S. 12) so entsetzt hatte werden mit ihren Dienstleistungen ausführlich beschrieben.

„Und ich wette, läge Bovenden im Hannöverischen [...] *es würde nicht der vierte Theil von denen dahin gehen, welche es gegenwärtig besuchen. Nur die welche sich vorgenommen haben, gerade eine Stunde weit gegen Norden zu gehen* [...] *scheinen bei ihrer Promenade keine Rücksicht auf dessen Lage im Hessischen zu nehmen. Die übrigen aber nehmen größtentheils von dieser Lage den Bewegungsgrund zu ihrem Besuche her, weil darinn zwar eben nicht der nothwendige Grund, aber doch eine häufige Gelegenheit zu dreyen für die Jugend, und zuweilen auch für das Alter, reizenden und verderblichen Uebeln liegt"* (List 1785, S. 33).

Neben dem accise- und zollfreien Einkauf von Tabak, Wein, Zucker, Kaffee und Branntwein sind es vor allem die Vergnügungen jedweder Art, die die Göttinger und Göttingerinnen nach Bovenden locken. Die Damen lockt das ungehemmte Tanzvergnügen, *„weil viele Frauenzimmer das Tanzen, wo sie Gelegenheit dazu haben, für einen Theil ihres Berufes halten"* (ebd., S. 36), die Herren bevorzugen die Hazardspiele, die zwar im Hessischen verboten sind, doch: *„Gegen Ausländer und Durchreisende, oder solche, die sich nur einige Stunden im Lande aufhalten, braucht der Staat oder Landesherr in Rücksicht auf die Verordnungen, welche das eigene Beste der Unterthanen betreffen, nicht so landesväterlich gesinnt zu seyn. Sondern wenn einige Nachbaren auf Kosten ihres* *schon angekommenen oder auf Rechnung ihres zukünftigen Wechsels [...] mit einander auf fremden Territorio zusammen kommen, um dort einige gute Würfe zu thun, oder ein Paruli oder sept et la va zu machen"* (ebd., S. 37f.). Wer glücklich genug ist, nach Beendigung des Glücksspiels noch einen Gulden zu behalten, kann diesen dann bei den Huren loswerden:

„So ist der Herr, dessen Karten alle abgeschlagen waren, kaum an das obere Ende des Fleckens gekommen, als er sich unglücklicher Weise nach der linken Seite umsiehet, und hinter dem Fenster des ersten und letzten Wirtshauses ein Nympfchen erblickt, welches ihm durch sein freundliches Lächeln zu verstehen giebt, daß es allein sey. Von diesem Aviso keine Notiz nehmen zu wollen, solches würde sich unser Titus oder Sempronius als einen unverantwortlichen Mangel an Galanterie angerechnet haben; dabey war der Tag zum Studiren doch einmal verdorben; die Gesellschaft des männlichen Geschlechts hatte ihm seinen Ennuy [d.i. Langeweile] zugezogen, also mußte er suchen, sich bey dem weiblichen zu desennuyren [wörtlich: zu entlangweilen]; und dieses glückt ihm für den Rest seiner Baarschaft auf einige Augenblicke; aber – sein ungünstiges Schicksal wollte nicht, daß er der erste war, und er hatte vielleicht mehr seinen Vorgängern, als der Galanteriehändlerinn selbst, die Nothwendigkeit, eine vier- bis sechswöchige Quarantaine halten zu müssen, zu verdanken" (ebd., S. 41).

Neben dieser eindringlichen Warnung, sich vor Geschlechtskrankheiten zu schützen – der Ausdruck ›Galantariehändlerin‹ bezieht sich nur vordergründig auf das ›galante‹ Gewerbe, denn der Begriff ›Galanterie‹ bezeichnet Syphilis (große Galanterie) bzw. Gonnorhöe (kleine Galanterie; vgl. Bornemann 1974; Höfler 1899, S. 178) – erhält der Interessent auch genaue Informationen über den Ablauf des Geschäftes. Die Damen in dem genannten Wirtshaus stellen *„gleich nach ihrer Ankunft einige Posten, die aus der christlichen oder jüdischen Jugend von zwölf bis funfzehn Jahren genommen werden"* (List 1785, S. 42) aus, die auf das Angebot aufmerksam machen. Repressalien braucht der Kunde nicht zu fürchten, allenfalls die Hure bekommt Schwierigkeiten: sie wird entweder des Landes verwiesen *„und kömmt, wenn sie keine Justizluft mehr wittert, zur Hinterthür wieder herein"* (ebd., S. 43) oder aber der Amtmann läßt sich *„durch die Thränen der armen Kinder [...] oder durch nachdrücklichere Gründe, als Frauenzimmerthränen sind, erweichen, von der Strenge des Gesetzes für dasmal, und auf einige Zeit abzugeben"* (ebd.) – ein eindeutiger Fall von Bestechung durch ›Gratisdienste‹. Fairerweise gibt der Autor aber zu, daß es auch seriöse Gaststätten gibt, hier vor allem die ›Oeconomie‹ der Frau Gallen zu Rauschenwasser, wo man Gelegenheit hat ›Landesproducte‹ zu erwerben und das Tanzbein zu schwingen (ebd.).

Von dort aus besucht man die Plesse: *„Berg und Schloß Plesse werden bey schönem Wetter von Göttingen aus fleißig besucht, und die Absichten derjenigen, die bloß des Schlosses wegen dahin gehen, bleiben allemal untadel-*

haft" (ebd., S. 46). Wer jedoch, vom Wandern ermüdet, den Aufstieg nicht schafft, kehrt in Eddigehausen im ›Letzten Heller‹ ein. *„Die Lebensart daselbst war so gefällig eingerichtet, und selbst die Jungfern waren so zuvorkommend, daß sie sich sogar erboten, den vorbeyreitenden jungen Herren die Pferde zu halten"* (ebd., S. 47). Das Dorf selbst ist jetzt ein *„Freyhafen* [Platz, zu dem die Freier kommen]*, nur daß zwey Hannchen* [Huren] *sich mit der Stapelgerechtigkeit* [Stapeln = auf den Strich gehen] *beliehen haben"* (ebd.). Eine der beiden Damen ist als ›Plesse-Hannchen‹ berühmt geworden:

„Das Hannchen unten im Dorfe hat seinen eigenen Anhang, der mit feinem Compendio in der Tasche sonst oft auf einige Tage nach Ediehausen reisete, und von da an manchem heitern Morgen unter Anführung des wohl ausgeputzten schönen Hannchens einen Zug weiter nach der Plesse vornahm, welche Procession der Heldinn des Ebentheuers den Namen des Plesse-Hannchens zuzog. [...] Diesem allen aber ohngeachtet soll sich die schöne Prinzessin von Plesse gegen einige Herren, die mit ihrer Liebe gleich da anfangen wollten, wo sie sonst oft aufhöret, so betragen haben, als ob sie eine Virtuosinn in der Keuschheit wäre. Freylich wurde sie von Kennern nur ausgelacht, weil Schaamlosigkeit und Keuschheit einen lächerlichen Contrast machen, und zwischen jener und der Unkeuschheit keine andere Kluft befestigt ist, als welche die Blödigkeit des Harmlosen macht" (ebd., s. 48f.).

Es wäre verfehlt anzunehmen, daß die Qualitäten des ›Plesse-Hannchens‹ sich auf das ›Gewerbe‹ reduziert hätten, es gibt durchaus Belege, die sie in einem etwas ›idealerem‹ Lichte erscheinen lassen.

„Reitet oder geht man die Mühlen vor der Kunststrasse längst dem Gehölze zu hinauf, so geräth man in eine romantische Wildniß dicht verwachsener Steinfelsen und Klippen an derem Fuß das Dörfchen Eddigehausen auf dem Gipfel aber die schaudrichen Trümmer des ehemaligen Schloses Plesse mit seinen Thürmen, Mauren, Gewölbern und Brunnen befindlich sind. Hier [d. i. Eddigehausen] *lebt in einem verfallenen Hause das zu einer Caffeeschenke dient zufrieden mit der schönen Natur die sie umgibt, ein geistreiches Mädchen wie Rousseau. Ihre sanfte Seele steht jedem feinern Gefühl offen welches durch männliche Stärke ihres scharf und richtig beobachtenden Verstandes durch manncherlei oft sehr tief verborgenen Gegenstände erweckt wird. – Diese Eigenschaften und ihre zuvorkommende Höflichkeit nebst der Nachbarschaft des eben gedachten Schlosses Plesse, zieht die, Sommertage hindurch, täglich eine Menge Studirende hin, die sie bewundern"* (Müller 1790, S. 8).

In dieser Zeit, kurz vor 1800, hat sich die Burg Plesse als Ausflugsziel etabliert. Dies läßt sich zum einen an der einsetzenden Stammbuchkupfer-Produktion erkennen (Schenck 1968), andererseits aber auch an einer neuen Literaturgattung, dem Reiseführer. Der älteste seiner Art, erschienen 1794, beschreibt die Wege nach Bovenden, Eddigehausen, Rauschenwasser und der Plesse (Rintel 1794,

S. 136f.) und lenkt damit erstmals die Wanderungen in geordnete Bahnen. Seine Angaben werden dann auch unverzüglich in Reisebeschreibungen übernommen (vgl. z.B. Gilbert 1795, S. 342f.) und so kristallieren sich zwei Hauptwanderrouten heraus, die eine über Deppoldshausen, von hier entweder erst bergab nach Eddigehausen und den Berg wieder hoch, oder direkt auf der Höhe dem Fastweg folgend; die zweite folgt der ›Kunstchaussee‹ (heute alte B 3) bis Bovenden und führt über Rauschenwasser nach Eddigehausen und dann den Berg empor. Seltener verirrt sich ein Wanderer in die Billingshäuser Schlucht und muß sich vom dort arbeitenden Köhler zurechtweisen lassen (Gottschalk 1797, S. 73f.). Wie schon über 50 Jahre früher bei Verdion bildet die Naturbetrachtung einen wichtigen Aspekt der Wahrnehmung, allerdings mit einem stark überschwänglichen, ›romantischen‹ Impetus, geschult an den Oden des ›Göttinger Hains‹:

„Der Anblik war außerordentlich überraschend und schön. Bis dahin immer in Wäldern und Tiefen herumgeirrt, wo das Auge nie einen Blick in die Ferne thun konnte, hatte man hier mit einemmahle dieses schöne vollständige Denkmahl der Vorwelt, und eine weite herrliche Aussicht vor sich, die Stoff genug darbot, um den Gott zu preisen, der dieses Alles schuf, um ihm zu danken für das Vermögen, das er in uns legte, alle diese Schönheiten fühlen, empfinden, und bewundern zu können, um endlich Hölty's Ausruf mit voller Überzeugung nachsingen zu können:

»Ja, wunderschön ist Gottes Erde
und werth, darauf vergnügt zu seyn«" (ebd., S. 76).

Die Betrachtung der Ruine löst nicht mehr Bewunderung aus für die Leistungen der Erbauer, sie wird zum Sinnbild der Vergänglichkeit.

„Wie sie da stehen, die Reste versunkener Pracht; und die grauen Thürme himmelan starren! Was sind sie nun? Traurige Bilder der Hinnfälligkeit aller Dinge; Sturmwinde heulen um sie her, und drohen ihnen den völligen Umsturz; Krähen hausen in den Klüften und Rissen; der Uhu verbirgt sich im Winkel, und Grauen umschauert die nackten Wände. Dohlen nisten auf dem Söller, wo vielleicht einstens ein holdes Mädchen ihres zurückkehrenden Geliebten harrte, und freudetaumelnd ihm entgegenstürzte, wenn sie von fern die Staubwolke heraufwallen sah. Moos und Gesträuch umgeben die Mauern, und Epheu schlängelt sich an den Ritzen hinan, das alterne Gemäuer zu bergen. Schlangen bewohnen den unterirdischen Theil, Unken, und lichtscheue Geschöpfe nisten in den Grundmauern. – Und doch bist du schön, – Bild der Vergänglichkeit, noch im Absterben schön. Stehe immer noch Jahrhunderte, trotze der Zeit, damit auch die Nachwelt dich noch anschauen, und sich deines Daseyns freuen kann!" (ebd., S. 77f.)

Es entspricht dem Charakter solcher Reisebeschreibungen, daß eigenes Erleben und durch die Literatur erworbenes Vorwissen nebeneinander gestellt werden. So erfährt der Leser beiläufig, daß die Wandergruppe gleich bei der Ankunft um die Mittagszeit einen Boten nach Eddigehausen schickt, *„um uns Lebensmittel her-*

aufzuholen, die nachher im Schatten des hohen Thurms, der gleich vorn an der Spitze steht, verzehrt wurden" (ebd., S. 78). Es ist dies – bis zur Einrichtung der ersten Burggaststätte – das übliche Verfahren; der gutsituierte Besucher verschmäht es in der Regel, seinen Picknickkorb selbst zu transportieren.

1801 erscheint dann die erste Reisebeschreibung mit wissenschaftlichem Anspruch, geschrieben vom Göttinger Professor der ›Weltweisheit‹ [d. i. Philosophie] Christoph Meiners (vgl. Keindorf 1995, S. 33f.). Einige Jahre zuvor hatte der Historiker Helfrich Bernhard Wenck sich erstmals kritisch mit der älteren Literatur über die Burg Plesse und ihre Bewohner auseinandergesetzt (Wenck 1797). Meiners Verdienst besteht darin, diese Forschungsergebnisse in einer populären Schrift einer breiteren Öffentlichkeit bekannt gemacht zu haben. Erstmals geht es auch nicht um das subjektive Empfinden von Zeit und Raum, sondern um eine Beschreibung der noch vorhandenen Baulichkeiten auf der Burg. Meiners sorgt dadurch für eine gewisse Versachlichung, aber er verengt den Blick der Besucher auch beträchtlich: Der Tourist nimmt wahr, was er vorher gelesen hat. Da die geschichtlichen Informationen (Meiners 1801, S. 327-364) deutlich von der Beschreibung der Burganlage getrennt sind (ebd., S. 364-373), erfüllt der Autor durchaus die Anforderungen an einen Reiseführer. In einem dritten Teil gibt er dann seinen persönlichen Empfindungen einen gewissen Raum, motiviert aber den Besucher zugleich, den geistigen und räumlichen Standort des Autors zu übernehmen:

„Ich habe in allen Theilen von Deutschland, und in der Schweitz, wie im Elsaß sehr viele Bergschlösser gesehen; gut erhaltene sowohl, als verlassene, und zwar die letzteren in allen Perioden des Verfalls. Unter allen diesen Bergschlössern ist mir keins vorgekommen, das meinem Urtheile nach wegen der Ansichten und Aussichten, oder von Seiten des Total-Eindrucks und der Beschaffenheit der einzelnen Theile mit dem Schlosse Plesse zu vergleichen wäre. Man mag die Ruinen von Plesse ansehen, aus welchem Gesichtspuncte man will; so kündigen sie einem Jeden bey dem ersten Anblick den ehrwürdigen Wohnsitz eines mächtigen Geschlechts an, das von dieser Feste aus Jahrhunderte lang bald Segen und Glück, bald Raub, Mord, und Brand über die umliegende Gegend verbreitet hat. Der beste Standpunkt, aus welchem man die Trümmer der Plesse betrachten kann, ist der angefangene Abhang des Berges, vor welchem man nahe vorüber geht, wenn man von Döppelshausen her den Eingang des Plesser-Berges erreicht hat. Hier bieten sich die Ruinen der Plesse in ihrem ganzen Umfange, und in den vortheilhaftesten Gruppen dar. Hier findet der Zeichner den mahlerischten Vordergrund in dem zu seinen Füßen liegenden Dorfe Eddigehausen, so wie in den Bäumen und Gebüschen, womit die Seiten des Plesser-Berges bekleidet sind. Hier endlich kann der Zeichner die günstigsten Augenblicke in Musse abwarten, wo Dorf, Wald und Ruinen am schönsten beleuchtet sind" (ebd., S. 373f.).

Ob die Zeichner seiner Zeit diese Empfehlung befolgt haben, oder ob der Blick des Autors durch die bereits vorhandenen Stammbuchkupfer vorgebildet war, läßt sich kaum entscheiden, es ist wohl von einer Wechselwirkung auszugehen. Sowohl Besemann (Farbtafel 1,1) als auch Eberlein (Abb. 2) und Riepenhausen (Abb. 3) zeigen die Burg mehrfach aus dieser Perspektive. Heutigentags erschließt sich diese Perspektive nur zur Winterszeit, wenn die kahlen Bäume den Durchblick gestatten oder aus der Vogelperspektive (Farbtafel 1,2).

Abb. 2: Johann Christian Eberlein (1778-1814) DIE PLESSE, Widmung datiert 10. September 1801. (Sammlung Flecken Bovenden 1974/4).

Fest verankert in der Vorstellungswelt zukünftiger Besucher wird auch der gastronomische Aspekt. *„Der Besitzer der ersten Papiermühle* [am Rauschenwasser] *hat seit Kurzem so wohl im Anfange des Eichenwaldes, als auf dem nächsten Hügel an gut gewählten Stellen Tische und Bänke, Gänge und Terassen angelegt. Mariaspring wird in's Künftige stärker, als bisher besucht werden, seitdem Herr Leibmedicus Stromeyer seine letzte Partie in der Nähe dieser schönen Quelle gegeben hat. Man hörte fast allgemein den Wunsch, daß dieselbige Partie von nun an beständig bey Mariaspring möge veranstaltet werden"* (Meiners 1801, S. 381). Hier liegen die Ursprünge des wochenendlichen Tanzvergnügens, das vielen älteren Bovendern aus den 1950er Jahren her noch geläufig ist.

Einer der zu Beginn des 19. Jh. wichtigsten Routen führt über Deppoldshausen, auf dessen Gut *„man Erfrischungen zu nehmen pflegt"* (ebd.), eine Tradition, die sich nicht erhalten hat, denn mit dem Bau der Plesse-Straße in den 1860er Jahren verlagert sich die Route mehr auf die nordwestliche Seite des Berges.

Abb. 3: Ernst Riepenhausen (1762-1840): Ansicht der Plesse von Deppelshausen ab. (Sammlung Flecken Bovenden 1974/3).

Noch im Erscheinungsjahr der ›Reisebeschreibung‹ kommt ein äußerst prominenter Besucher auf die Burg. Anfang des Jahres 1801 war Johann Wolfgang von Goethe ernsthaft erkrankt (Schwedt 1999). Nach einer langen Rekonvalenszenz macht er sich im Juni des selben Jahres auf den Weg nach Bad Pyrmont, um dort zu kuren. Vom 6. bis 12. Juni unterbricht er die Reise in Göttingen. Nach Abschluß der Kur kommt er am 18. Juli erneut in der Universitätsstadt an und bezieht ein Quartier in der ›Allee‹, die später ihm zu Ehren in ›Goetheallee‹ umbenannt wurde. Sein Faible für Göttingen reicht bis in seine Jugendzeit zurück, doch hatte sein Vater ihm leider nicht erlaubt, dort zu studieren. Göttingen war ihm zu modern. Goethes Aufenthalt im Sommer 1801 in Göttingen (er war bereits 1783 für ein paar Tage dort gewesen) hatte nicht etwa nur den Zweck dort auszuruhen: er hatte begonnen, an seiner ›Farbenlehre‹ zu arbeiten und versprach sich von der wohlsortierten Universitätsbibliothek reichlich Lektüre. Gleichzeitg nutze er den Aufenthalt, um die Bekanntschaft von nicht weniger als 33 Universitätsprofessoren zu machen.

Am 12. August unternahm er in Begleitung der Professoren Meiners und Fiorello (ausgebildeter Maler und der erste Professor für Kunstgeschichte) einen Ausflug auf die Burg. Goethe war von der Burg sehr beeindruckt. Zwar bemerkt er in seinem Tagebuch nur kurz, daß er *„auf der Plesse, gegen Abend auf Maria-spring"* war, doch entspringt dem Ausflug immerhin ein Gedicht:

> *„Auf diesen Trümmern hab' ich auch gesessen,*
> *Vergnügt getrunken und gegessen,*

Und in die Welt hinausgeschaut:
War aber wenig nur erbaut.
Kein liebes Kind gedachte meiner,
Und ich fürwahr gedachte keiner;
So war die ganze Welt umgraut.
Ihr wißt ja selbst was sie erheitert,
Die Horizonte stufenklar erweitert."

1815 wird er dieses Gedicht ›recyceln‹ und auf ein Stammbuchblatt, das den Hahnstein zeigt, schreiben. Die Empfängerin ist wahrscheinlich die Gräfin Karoline von Egloffstein (1789-1869), mit der Goethe befreundet war (Abb. 4).

Man kann wohl davon ausgehen, daß von Goethe, ähnlich wie von der ›Partie des Leibmedicus‹ eine gewisse ›Sogwirkung‹ ausgegangen ist, die mehr und mehr Besucher auf die Plesse gelockt hat. Ein wichtiger Aspekt hierbei ist auch die Nähe zu Göttingen, die es ermöglicht, das touristische Programm in einem halben Tag zu absolvieren. *„Unter allen Ruinen in der Nähe von Göttingen hat die Plesse die günstigste Lage"* (Wallis 1815, S. 38) – *„Lustparthien für freye Nachmittage"* [...] *Mariaspring und die Plesse. Wer in Mariaspring nicht von seiner Tanzlust oder einer anziehenden Gesellschaft gefesselt wird, pflegt die Plesse von hier zu besuchen. Ein sehr angenehmer Weg führt hinauf; jedoch nimmt dieser Besuch immer eine Stunde weg"* (ebd., S. 79f.).

Die erste Hälfte des 19. Jh. ist – literarisch betrachtet – von den Epigonen des Professors Meiners geprägt, von dem teilweise wörtlich abgeschrieben wird (z.B.

Abb. 4: Stammbuchblatt mit Abbildung des Hansteins. Eintrag Goethes vom 17. Mai 1815 unter Wiederverwendung des Plessegedichtes von 1801 (Stadtarchiv Göttingen).

Gottschalck 1815, S. 205-229; Veldeck 1824, S. 296-336; Anonymus 1831). Veldeck verdanken wir immerhin den Hinweis, daß in Mariaspring *„eine einfache, aus Eichenrinde erbaute Hütte* [steht]*, in der des Sonntags Erfrischungen ausgegeben werden"* (Veldeck 1824, S. 298). Veldeck ist auch der erste, der auf die 1821 zögerlich einsetzenden Restaurierungen (Dost 1989, S. 12-14) hinweist: *„Die beträchtlichen Ueberbleibsel derselben* [d.h. der Burg] *werden gewiß noch Jahrhunderte dauern, zumal wenn man fortfahren wird, sie an den schadhaften Stellen auszubessern"* (Veldeck 1824, S. 312).

Klosterbaumeister Müller hatte am 8. Juni 1821 von der ›Königlich-Großbritannisch-Hannöverschen Cammer‹ die Anweisung erhalten, die Ruine zu untersuchen und einen Zustandsbericht einzusenden. Die grundsätzliche Einsicht, daß Restaurierungen notwendig sind, beruht zum Teil auf der Erkenntnis, daß den Touristen ein ungefährlicher Besuch ermöglicht werden muß. *„Jetzt dürfen zwar die Einwohner von Eddiegehausen keine Mauern auf der Plesse mehr abbrechen und die Steine derselben wegbringen; allein durch das muthwillige Zerstören der schönsten Hauptmassen und durch das Ausbrechen der Bundquadern an den Ecken derselben nähern sich diese schönen Ruinen ihrem gänzlichen Verfall und werden für die Fremden, welche die Ruinen besuchen, mit jedem Jahre gefahrvoller"* (HStA Hannover, Hann. 88 D, Nr. 24, 1821 Jul 9; Dost 1989, S. 54). Nun stellt sich natürlich die Frage, warum unter den zahlreichen, potentiellen Sanierungsfällen ausgerechnet die Plesse solche Beachtung fand – Touristen sind schließlich auf anderen Ruinen ebenfalls gefährdet. Hier kommen wohl im wesentlichen zwei Faktoren zusammen: Zum einen besteht ein großer Anteil der Plesse-Besucher aus Angehörigen der Universität Göttingen. Insofern hat der Staat eine gewisse erhöhte Sorgfaltspflicht, handelt es sich doch – modern gesprochen – um Landesangestellte. Zum anderen gehört die Burg Plesse zu diesem Zeitpunkt erst seit sechs Jahren zum Königreich Hannover (vgl. Beitrag Aufgebauer in diesem Band). Es war also durchaus geraten, in dem neuen Landesteil erhöhte Präsenz zu zeigen. Wenn auch die Restaurierungen der Jahre 1821ff. wesentlich bescheidener ausfallen als z.B. die etwa zeitgleichen der Hohenzollern am Rhein, die Intention dürfte die gleiche sein.

„Die Selbstverständlichkeit der Standesprivilegien war verloren gegangen. Nun sollte die mittelalterliche Burg als Hinweis auf die über viele Generationen zurückreichende Adelsherrschaft deren Legitimation auch für die Gegenwart liefern. Die Pflege der Ruinen und noch mehr der Wiederaufbau der Burgen hatte also insoweit affirmativen Charakter. [...] Dies läßt sich, obwohl die preußischen Könige am Rhein nicht in ihren Stammlanden herrschten, auch auf deren Umgang mit den Rheinburgen übertragen. Schließlich wollten sie, insbesondere Friedrich Wilhelm IV., hier als Sachwalter der ehemaligen Standesherren auftreten, und haben sich nicht nicht zuletzt deshalb um deren Schlösser Brühl, das sogar Residenz wurde, und Engers gekümmert" (Brönner 2001, S. 13f.).

In diesen Zusammenhang ist wohl auch der Besuch Königs Georgs IV. im Oktober 1821 in Bovenden einzuordnen. Er befand sich, kurz nach seinem Regierungsantritt, auf einer ersten Rundreise durch das Königreich Hannover. Am 29. 10. war er in Rotenkirchen eingetroffen (dem Ort, von dem aus 32 Jahre später auch Georg V. auf die Plesse fuhr) und hatte dort übernachtet (Dittmer 1822, S. 252). Am nächsten Morgen hatte er zunächst um 8.00 Uhr die Rotenkirchener Beamten begrüßt und war wenig später nach Salzderhelden und dann nach Northeim gefahren, wo er kurz nach 10.00 Uhr eintraf. Auf der Weiterfahrt nach Göttingen, wo er ›mittags‹ eintraf, passierte er auch Bovenden.

„Hier war ein Ehrenbogen vom H. Universitäts- und Klosterbaumeister Müller aufgeführt worden. Derselbe hatte sie dem Thore nebst den beyden Thürmen der alten Burg Plesse nachgeahmt, welche Sr. Majestät in einiger Entfernung linker Seits sichtbar war, um so auf die neue Acquisition der Herrschaft Plesse hinzudeuten, in welcher Bovenden liegt. Zwischen den beyden Thürmen, auf der Spitze dieses Ehrenbogens, waren Armaturen, Fahnen und zwey geharnischte Ritter der Vorzeit (durch Lebende dargestellt) und über dem Bogen auf der einen Seite das alte Wappen der Herrschaft Plesse und auf der andern Seite das Hannoversche weisse Ross angebracht. – Neben diesem Ehrenbogen hatte sich die Fleckensbürger aufgestellt, deren fröhlicher Jubelruf, in welchen das Glockengeläute der ganzen Umgegend hineintönte, Se. Majestät empfieng und Allerhöchstdieselben geruheten, bey dem Ehrenbogen angekommen, denselben und die alte ehrwürdige Plesse zur Seite, für eine Augenblicke Allerhöchst Ihrer Aufmerksamkeit zu würdigen, und dann weiterzufahren“ (ebd., S. 262).

Wenn der Besuch auch nur eine Durchfahrtsstation nach Göttingen markiert und die Burg selbst nicht Ziel des Königs war, so ist die zeitliche Nähe zwischen Besuch und Restaurierungsmaßnahme doch höchst augenfällig. Der kurze Stop war von den Bovendern wohl nicht erwartet worden, doch kam auch der umgekehrte Fall vor: Die Weender hatten den König erst am Abend erwartet und konnten deshalb das vorbereitete Feuerwerk nicht abbrennen (ebd., S. 263). Der Ehrenbogen weicht übrigens konstruktiv vom üblichen Schema ab (Abb. 5): in der Regel wurden die hannoverschen und die englischen Farben bzw. Wappen von den Ortschaften als Motiv gewählt.

Der Plesse-Besuch des hannoverschen Königspaares am 19. September 1853 markiert dann den Beginn der ›Großen Restaurierung‹, die bis 1864 dauerte und nach einiger Unterbrechung von Seiten der Preußen fortgeführt wurde. Neben den reinen Sicherungsmaßnahmen gehörten auch Aspekte der touristischen Infrastruktur zu dem Sanierungsprogramm. Auf ausdrücklichen Wunsch von Königin Marie (HStA Hannover, Hann. 88 D, Nr. 24, 1853 Sep 22; Dost 1989, S. 79) beinhalteten die Planungen auch die Herrichtung des Großen Turmes als Aussichtsturm, eine Maßnahme, die aus Kostengründen erst 1861/62 durchgeführt werden konnte (Dost 1989, S. 26). Die Fertigstellung der Treppenanlage im Juli

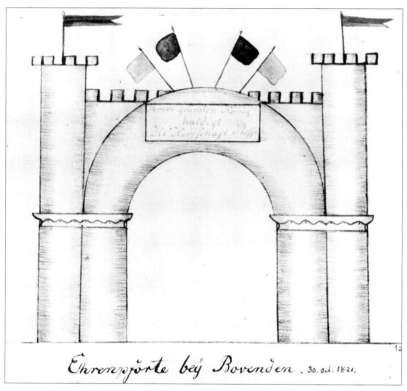

Abb. 5: Ehrenpforte bey Bovenden. 30. October 1821. Die (goldfarbene) Inschrift über dem Torbogen lautet: „*Dem geliebten König huldigt die Herrschaft Plesse*" (Last 1978).

1862 führte zu einer enormen Attraktivitätssteigerung und damit zu erhöhten Besucherzahlen. Auch damals hatten die Verantwortlichen Probleme mit Sachbeschädigungen, so daß unverzüglich ein Wächter eingestellt wurde, der die Burg zu beaufsichtigen hatte. Durch die Anschaffung eines ›Fremdenbuches‹, das später leider verloren ging, gelang es ihm, die mutwilligen Beschädigungen durch die Besucher einzudämmen (Dost 1989, S. 34). Es stellte sich jedoch sehr schnell ein weiteres Problem ein.

„*Daß hierdurch der Besuch der alten Burg ein bedeutend vermehrter gegen früher sein wird, ist nicht unleugbar und wird sich dann umso mehr der Mangel eines irgend passenden Locales, in welchem man sich von dem anstrengenden Bergsteigen erholen könne, herausstellen. Gegenwärtig ist nur ein offener Schuppen zu diesem Behuf vorhanden, unter welchem in einer kleinen Bretterbude eine Wirthin aus Eddiehausen sich ein nothdürftiges und völlig unzureichendes Wirthschaftslocal eingerichtet hat, welches jedoch zum Aufenthalt der Vergnügungsreisenden in keiner Weise geeignet ist. [...] Diese Uebelstände [...] hat bei der Local-Besichtigung im September vorigen Jahres*

*der Herr Oberfinanzrath Oppermann anerkannt, und wagt die unterzeich-
nete Bau-Inspection [...] ein Projekt zur Herstellung der fehlenden Räumlichkeiten vorzulegen"* (HStA Hannover, Hann. 100 Göttingen Nr. 42, 1862 Jan 7;
Dost 1989, S. 141f.).

Das Resultat dieser Eingabe bestand in der Herrichtung des Alten Herrenbaus als
Gaststätte, die am 14 Juli 1864 an die Witwe Nicolai aus Eddigehausen verpachtet
wurde (HStA Hannover, Hann. 100 Göttingen Nr. 43; Dost 1989, S. 171-173),
sowie der Einrichtung von Abortanlagen (Dost 1989, S. 31f.). Parallel dazu wurde
die Zufahrt zur Burg durch den Ausbau des Bißweges vorangetrieben, so daß es
ab Frühjahr 1865 möglich war, mit Wagen bis vor die Burg zu gelangen (Dost 1989,
S. 30f.). Die so geschaffene touristische Infrastruktur sollte im wesentlichen für
die nächsten 100 Jahre ausreichen.

Literatur:

Anonymus 1831
Anonymus: Schloß Plesse bei Göttingen. In: Görges, Wilhelm: Vaterländische Geschichten
und Denkwürdigkeiten der Vorzeit. 1. Jg. (1843), S. 291-302.

Apelblad 1785
Apelblad, Jonas: Beschreibung seiner Reise durch Ober- und Niedersachsen und Hessen.
In einer deutschen Uebersetzung aus dem Schwedischen und mit Anmerkungen herausge-
geben von J. Bernoulli. Berlin und Leipzig 1785.

Aufgebauer 2002
Aufgebauer, Peter: Geschichte der Burg Plesse. In: Thomas Moritz (Hg.): Ein Feste Burg –
Die Plesse. Begleitband zur Ausstellung. Braunschweig 2002 (= Veröffentlichungen des
Braunschweigischen Landesmuseums, Bd. 98), S.5-9.

Bornemann 1974
Bornemann, Ernest: Sex im Volksmund. Der obszöne Wortschatz der Deutschen. Wörter-
buch von A-Z. Reinbek 1974.

Brönner 2001
Brönner, Wolfgang: Gedanken zur Rheinromantik. In: Preußische Facetten: Rheinromantik
und Antike. Zeugnisse des Wirkens Friedrich Wilhelms IV. an Mittelrhein und Mosel, hg.
vom Landesamt für Denkmalpflege Rheinland-Pfalz. Regensburg 2001, S. 9-22.

Burckhardt 1865
Burckhardt, H.: Der Eibenbaum (Taxus baccata) im Pleßwalde bei Göttingen. In: Aus dem
Walde 1 (1865), S. 96-114.

Dittmer 1822
Dittmer, Heinrich: Authentische und vollständige Beschreibung aller Feyerlichkeiten, welche bey der Anwesenheit Sr. Maj. Georgs des Vierten in den Hannoverschen Landen während des Monats October veranstaltet worden sind. Hannover 1822.

Dost 1989
Dost, Siegfried: Restaurierungsarbeiten auf der Burg Plesse im 19. Jahrhundert. In: Plesse-
Archiv 25 (1989), S. 7-323.

Gilbert 1795
Gilbert, Ludwig Wilhelm: Handbuch für Reisende durch Deutschland. Leipzig 1795.

Gottschalk 1797
Gottschalk, Kaspar Friedrich: Wanderungen in einige Gegenden um Göttingen im Sommer 1792. Halle 1797.

Gottschalck 1815
Gottschalck, C. Friedrich: Die Ritterburgen und Bergschlösser Deutschlands I. Halle 1815.

Gresky 1970
Gresky, Wolfgang: Plesse-Schilderungen aus der Zeit der Empfindsamkeit. In: Plesse-Archiv 5 (1970), S. 113-127 mit Tafel 16-21.

Gruber 1734-38
Gruber, J. D. (Hg.): Zeit- und Geschichts-Beschreibung der Stadt Göttingen, worin derselben Civil-, Natur-, Kirchen- und Schulhistorie aus verschiedenen alten Urkunden, auch anderen sicheren Nachrichten umständlich vorgetragen wird. 3 Bände, Göttingen 1734, 1736, 1738.

Höfler 1899
Höfler, M.: Deutsches Krankheitsnamen-Buch. München 1899.

Keindorf 1995
Keindorf, Gudrun: Wege der Überlieferung. Zu Funktions- und Bedeutungswandel der »Sagen« von der Burg Plesse. Bovenden 1995 (= Plesse-Archiv 30).

Keindorf 2002
Keindorf, Gudrun: Der Brunnen der Burg Plesse in der historischen Überlieferung vor 1800. In: Thomas Moritz (Hg.): Ein Feste Burg – Die Plesse. Begleitband zur Ausstellung. Braunschweig 2002 (= Veröffentlichungen des Braunschweigischen Landesmuseums, Bd. 98), S. 12-19.

Kemper 2002
Kemper, Hans-Georg: Deutsche Lyrik der frühen Neuzeit. Band 6/III: Sturm und Drang: Göttinger Hain und Grenzgänger. Tübingen 2002.

Last 1975
Last, Martin: Die Burg Plesse. In: Plesse-Archiv 10 (1975/77), S. 9-249.

Last 1978
Last, Martin: Ehrenpforte bey Bovenden. 30. Oct. 1821. In: Plesse-Archiv 13 (1978), S. 341-342.

Meier 1713
Meier, Joachim: Origines et Antiqvitates Plessenses. Das ist: Pleßischer Ursprung und Denckwürdigkeiten. Leipzig 1713.

Meiners 1801
Meiners, Christoph: Ueber die Ruinen des Schlosses Plesse und die Quelle Mariaspring. In: Ders.: Kurze Geschichte und Beschreibung der Stadt Göttingen und der umliegenden Gegend. (= Kleinere Länder- und Reisebeschreibungen, Band 3), Berlin 1801, S. 326-386.

Moritz 1984

Moritz, Thomas: Die Ausgrabung im Bereich der Kapelle St. Peter und Paul auf der Burg Plesse, Gemeinde Bovenden, Kreis Göttingen. Archäologische und baugeschichtliche Befunde. In: Plesse-Archiv 20 (1984), S. 35-107.

Müller 1790

Müller, Justus Conrad: Versuch einer kurzen mahlerischen und charackteristischen Beschreibung der berühmten Universität Göttingen und derselben benachbarten Oerter. Göttingen 1790.

Schenck 1968

Schenck, Axel: Die Plesse-Ansichten in den Göttinger Stammbuchkupfern um 1800. In: Plesse-Archiv 3 (1968), S. 53-60.

Schwedt 1999

Schwedt, Georg: Goethe in Göttingen und zur Kur in Pyrmont. Göttingen 1999.

Steinwascher 1983

Steinwascher, Gerd: Schatzglauben und Schatzgräber in Hessen-Kassel im 18. Jahrhundert. In: Hessisches Jahrbuch für Landesgeschichte 33 (1983), S. 257-292.

Verdion 1744

Verdion, Otto Bernhard: Wunderbare Begebenheit welche sich mit einem Göttingischen Studenten auf dem alten Schloße Plesse vor einigen Jahren zugetragen hat; Indem Er bey einem entstandenen schweren Donner Wetter in die Tiefe der Erden geführt, sich mit derselben Einwohnern von verschiedenen Dingen unterredet, daselbst gegessen und getruncken, und endlich wieder glücklich, reichlich beschenckt, auf die Ober-Welt gebracht worden, von Ihm selbst beschrieben und nebst einem Theil seiner übrigen merckwürdigen Lebens-Geschichte von dessen guten Freunde zum Druck befördert. Band 1. Jena 1744.

Wenck 1797

Wenck, Helfrich Bernhard: Hessische Landesgeschichte. Band 2. Gießen 1797.

Jens-Uwe Brinkmann

Die Plesse als Motiv der Göttinger Porzellanmalerei

Es waren die Göttinger Studenten, welche die Ruinen der Burg Plesse im späten 18. Jahrhundert mit ihrem romantischen Reiz als Ausflugsziel entdeckten (Last 1975, S. 184ff.) – nicht zuletzt der Tatsache wegen, daß sie ›im Ausland‹, d.h. auf hessischem Gebiet lag. Dort hatten die strengen Verordnungen der hannoverschen Regierung, das Verhalten der Angehörigen der Georgia Augusta betreffend, keine Geltung, und man konnte es sich bei ›Wein, Weib und Gesang‹ wohlergehen lassen (vgl. Beitrag G. Keindorf, Tourismus, in diesem Band).

Die Studenten der Universität und ihre Wünsche waren es auch, die den Göttinger ›Galanterie- und Kurzwarenhändler‹ Heinrich Friedrich Wedemeyer (1783 – 1861) auf die Idee brachten, im Jahre 1821 in seinem Garten vor dem Albanitor ein ›Institut zur Porcelain-Malerei‹ einzurichten (Brinkmann 2000). Zu Beginn des 19. Jahrhunderts war es unter Studenten Mode geworden, neben den vorher üblichen Stammbuchblättern bemalte Porzellanobjekte – Tassen, Pfeifenköpfe, Aschenbecher usw. – untereinander zu verschenken, die häufig durch eine persönliche Widmung bereichert und damit zu ›Geschenken der Freundschaft‹ wurden. Als tüchtiger Geschäftsmann nutzte Wedemeyer die Chance, in der Universitätsstadt durch sein Unternehmen dafür Sorge zu tragen, daß bemaltes Porzellan nicht mehr zu hohen Preisen aus dem ›Ausland‹ importiert werden mußte,[1] sondern weißes, meist aus den kleineren Manufakturen[2] stammendes Porzellan, welches durch die am Ort durchgeführte Vergoldung und Bemalung aufgewertet wurde; es entstand im kleinen eine ›Veredelungsindustrie‹ in der Stadt Göttingen, die sich im Laufe des 19. Jahrhunderts durch die Ansiedlung weiterer Betriebe für Porzellanmalerei und nicht ohne heftige Konkurrenzkämpfe zu einem nicht unwichtigen Wirtschaftsfaktor entwickelte.

Mit einem aus Jena angeworbenen Porzellanmaler, Carl Friedrich Schmidt, begann die Produktion in Wedemeyers ›Institut‹; als dieser nach kurzer Zeit die Stelle des Zeichners an der Universität erhielt und nebenbei zum Ärger seines früheren Arbeitgebers auf eigene Rechnung weiterhin die Porzellanmalerei betrieb, gab es erste Auseinandersetzungen, die in den folgenden Jahrzehnten bei jeder Neuansiedlung eines Konkurrenten aufs neue ausgefochten wurden. Wedemeyer gelang mit der Berufung von Philipp Petri im Jahre 1827 ein Glücksgriff: Der gelernte Portrait- und Miniaturmaler brachte die Produktion qualitativ auf eine vorher nicht erreichte Höhe und bewirkte damit, daß die Göttinger Erzeugnisse der ›Wedemeyerschen Anstalt‹ bei den seit der Mitte der dreißiger Jahre an verschiedenen Orten des Königreichs Hannover veranstalteten Ausstellungen des ›Gewerbe-Vereins für das Königreich Hannover‹ große Beachtung fanden – selbst Hannovers Königin Friederike äußerte sich lobend und erwarb 1837 vier bemalte Tassen, mokierte sich allerdings *„über den hohen Preis"* der ebenfalls ausgestellten Teller.[3]

44

Ein bedeutender Konkurrent erwuchs Petri in dem aus Göttingen gebürtigen Johann Friedrich Spangenberg, der sich nach seiner fünfjährigen Lehre bei Schmidt in München und Magdeburg weiterbildete und überdies nach seiner Heimkehr nach Göttingen bei dem Maler Carl Wilhelm Friedrich Oesterley Unterricht in Malerei und Zeichnen nahm. Seine Porzellanmalerei zeichnet sich durch hohe Qualität aus; darüber hinaus bemühte er sich – im Gegensatz zu den meisten übrigen Kollegen, die sich fast ausschließlich auf graphische Vorlagen bezogen – darum, Ansichten nach eigener Anschauung darzustellen. Ihm folgte später Bernhard, der Sohn Philipp Petris, von dem auch zwei der hier zu besprechenden Objekte bemalt wurden. Neben diesen durch ihre künstlerische Qualität sich besonders auszeichnenden Malern gab es eine ganze Reihe weiterer, welche tüchtige Arbeit leisteten, ohne jedoch kreativ genug zu sein, eigenständige Motive zu entwickeln, abgesehen von den zahlreichen ›Gehülfen‹ in den einzelnen Werkstätten, die das von Spangenberg so bezeichnete ›Mittelgut‹ schufen, welches im Preis niedriger lag und auch für den ›gemeinen Mann‹ erschwinglich war.

Die Plesse als Motiv findet sich bei einem Objekt, das zu den sehr frühen Arbeiten der Göttinger Porzellanmalerei zählt; es handelt sich um eine Tasse in schlanker Krater-Form mit aufgeschwungenem Henkel (Nr. 1, Farbtafel 24,1). Wie so häufig zeigt das Stück keinen Manufakturstempel, dafür unter dem Boden eine in Goldschrift ausgeführte Signatur *„bei Wedemeyer in Göttingen"*. Eine reiche Goldstaffierung umzieht Lippe und Fuß und rahmt eine fein gemalte Darstellung der Plesse, die ihr Vorbild, die kolorierte Radierung ›Ansicht der Plesse bei Göttingen gegen Westen‹ von Christian Andreas Besemann (um 1795) bis ins Detail wiederholt (Farbtafel 21). Die dargestellte Landschaft mit der Ruine zeigt im Mittelgrund unterhalb des Burgbergs das Dorf Eddigehausen; der mit zwei Ochsen und zwei Pferden bespannte Holztransport im Vordergrund vermittelt der Darstellung einen genrehaften Zug. Den Ort bezeichnet auch dem Unwissenden die in Gold gehaltene Unterschrift *„Plesse"*. Die obengenannte Signatur verweist darauf, daß die Tasse in der Wedemeyerschen Firma bearbeitet worden ist; Carl Friedrich Schmidt ist hier als Maler anzunehmen, damit datiert die Arbeit in die Zeit zwischen 1821 und 1823. Bemerkenswert ist die malerische Qualität in der Genauigkeit bei der Umsetzung des Vorbildes in die ›kleine Form‹ wie in der ausgesprochen delikaten Farbigkeit.

Ein wirkliches ›Prachtexemplar‹ mit Herkunft aus derselben Firma ist eine weitere, sehr große Tasse, die durch Widmungen an Tasse wie Untertasse auf das Jahr 1847 datiert ist (Nr. 2); eine besonders aufwendige Goldstaffierung bereichert selbst den Boden in der Tasse, die in Gold gehaltenen seitlichen Rahmen der bildlichen Darstellung sind in vegetabilen Formen ›radiert‹. Den Vordergrund nimmt die frontale Gestalt eines Gepanzerten ein, der in weitem Ausfallschritt am Hang eines nach rechts ansteigenden Hügels steht. Der wehende Helmbusch und der hermelinbesetzte weite Mantel sowie eine schräg vor der Brust verlaufende Schärpe sind in den Farben des Corps ›Saxonia‹, Dunkelblau – Weiß – Hellblau, gehalten. In der Rechten hält er ein blankes Schwert, der linke Unterarm stützt sich auf das Wappen der ›Saxonia‹ mit dem umlaufenden Spruch „*Concordia res crescunt*" (›In Eintracht gedeihen die Dinge‹). Der Hintergrund öffnet sich links in einem weiten Ausblick in das Leinetal, vor dem lichten Himmel erscheint über dem steilen Hang mit reicher Bewaldung die Ruine im Zustand vor der wenige Jahre später durchgeführten Sanierung und Restaurierung. Graphisches Vorbild für diese Darstellung ist das Stammbuchblatt „*Plesse*" von Heinrich Grape. Auf der Rückseite der Tasse findet sich rechts und links vom aufgeschwungenen Henkel eine Liste der Angehörigen des Corps, darunter die Widmung mit der Jahreszahl 1847. Offensichtlich ist in diesem Fall die Selbstdarstellung des Corps als einer der damals exklusivsten studentischen Korporationen das Motiv, das an erster Stelle steht; die Plesse steht ihrerseits in diesem Zusammenhang als Hinweis auf ihre Bedeutung für die Göttinger Studenten als Ausflugsziel und Versammlungsort, zum anderen jedoch auch als ein Sinnbild der ›großen Vergangenheit‹ im Sinn des beginnenden Nationalismus. Die höchst qualitätvolle Malerei wie die technisch perfekte Goldstaffierung verweisen auf Philipp Petri als ausführenden Maler.

Das Motiv des Gepanzerten als Schildhalter mit der Plesse links im Hintergrund wird auch später und von anderen Künstlern aufgenommen. Etwas variiert findet es sich auf dem Porzellaneinsatz eines Zinndeckels an einem gläsernen Bierkrug (Nr. 3; vgl. Abb. 1): Hier allerdings ist der Gepanzerte sitzend unter einem Baum dargestellt, und im Gegensatz zu der Darstellung bei Petri schaut er nicht aus dem Bild heraus auf den Betrachter, sondern wendet seinen Blick zur Seite in die Landschaft. Helmbusch, Mantel und Schärpe zeigen die Farben des 1854 gegründeten

Abb. 1: Porzellaneinsatz eines Zinndeckels an einem gläsernen Bierkrug, Nr. 3 (Städt. Museum Göttingen)

Corps ›Friso-Luneburgia‹, Rot – Blau – Weiß, dessen Wappen auf dem Schild erscheint.[4] Die Widmung im Inneren des Deckels datiert die Malerei in das Jahr 1858, und als Maler ist Georg Albrecht überliefert, der seit 1827 als ›Gehülfe‹ in der Wedemeyerschen Firma beschäftigt war und sich auf Wappen und Tiere spezialisiert hatte.[5] Interessant an der Darstellung ist die Gestaltung des Himmels, der Albrecht offensichtlich große Beachtung gewidmet hat; über den Farben der untergehenden Sonne am Horizont, die der Ruine ihre letzten Lichter aufsetzt, erscheinen dunkle Wolken; ein Wolkenloch in der Höhe verströmt kühles Licht. Der Maler hat mit solchen, etwas ›bühnenhaft‹ wirkenden Lichteffekten offenbar großes Gefallen gefunden; auch bei einigen seiner Tierdarstellungen hat er mit diesen Mitteln gearbeitet. Die Qualität der Malerei entspricht durchaus den hohen Anforderungen, die Petri in seinen Äußerungen über die von ihm geleitete Firma Wedemeyer immer wieder hervorhob, ohne doch dessen eigene erreichen zu können – und vielleicht auch zu wollen.

Wie sich dieses Motiv im Bereich des sogenannten ›Mittelguts‹ ausmacht, zeigen zwei späte Arbeiten, ebenfalls auf runden Porzellanplatten, die als Einsätze für Zinndeckel konzipiert waren (Nr. 4 und 5). Sie stammen aus der Werkstatt des letzten in Göttingen in Kontinuität tätigen Porzellanmalers, Theodor Holborn (Brinkmann 2000, S. 49f.), und sind Werke von dessen Mitarbeiter Friedrich Scherf. Die beiden Gepanzerten tragen hier die Farben und in einem Fall das Wappen, im anderen den Zirkel des Corps ›Bremensia‹ und stehen in einer einigermaßen flüchtig gemalten Landschaft; das frontale Standmotiv entspricht dem der Petrischen Tasse. Im Hintergrund links erscheint jeweils eine Anlage mit zwei ungleichen Türmen auf einem Berg, in der der gutwillige Betrachter die Plesse wiedererkennen kann; allerdings wird die prägnante Spornlage der Burg in einem Fall seitenverkehrt wiedergeben und im anderen durch einen von beiden Seiten ansteigenden Berg verfälscht. Hier geht es letztlich nur noch um ein loses Anknüpfen an Formales, dessen Inhalt zweitrangig geworden ist: Der ›Ritter‹ benötigt eben eine Burg!

Bei den hier behandelten Malereien ist vorwiegend die Sicht von Süden auf die Burg gewählt worden; das mag daran liegen, daß die Stadt Göttingen südlich der Burg im Leinetal gelegen ist. Auch viele der sonstigen Darstellungen der Burganlage wählen diese Blickrichtung. Aus der Fülle der Göttinger Stammbuchblätter ist eines besonders häufig graphische Vorlage für die Porzellanmalerei geworden, Ernst Ludwig Riepenhausens *„Ansicht der Plesse von Deppelshausen ab"*. Eine malerische Darstellung nach diesem Blatt findet sich auf einem in Dessert-Teller der Königlichen Porzellanmanufaktur aus der Zeit um 1834 (Nr. 6, Farbtafel 24,2). Im Spiegel des großen Tellers mit durchbrochener Fahne ist in goldgerahmtem Rundfeld der Blick auf die Plesse in farbige Malerei umgesetzt, den Riepenhausen in seiner kleinen Radierung schildert. Mit der Unterschrift *„Die Pless"* wird der Ort zusätzlich gekennzeichnet. Interessanterweise handelt es sich in diesem Fall nicht um eine ›wirkliche‹, d. h. eine im Schmelzbrand gefestigte und gehärtete Porzellanmalerei, sondern um eine Miniaturmalerei auf Porzellan. Bei genauem Hinsehen wird erkennbar, daß der Oberfläche die zarte Glätte fehlt, die der Porzellanmalerei durch den zweiten Brand im Schmelzofen den speziellen Schimmer verleiht, und ebenfalls, daß sich in der Malerei winzige Fehlstellen finden, die im Falle der Härtung beim Schmelzbrand nicht entstehen könnten. Im Vergleich mit den im Städtischen Museum Göttingen befindlichen Miniatur-Arbeiten von Philipp Petri läßt sich deutlich erkennen, daß dieser hier als Miniaturmaler tätig geworden ist und den kostbaren Manufakturteller durch eine Malerei auf der Glasur zu noch größerer Kostbarkeit verholfen hat. Damit wurde zugleich ausgeschlossen, daß dieser zu irgendwelchem Gebrauch herangezogen werden konnte; er war einzig zum Anschauen und Bewundern geeignet und bestimmt – ein sogenanntes ›Vitrinenstück‹, das im Schaffen Philipp Petris eine singuläre Stellung einnimmt.[6]

Aus der Werkstatt von Philipp Petri stammt sicherlich die Darstellung auf dem geschwungenen Deckel einer – verlorengegangenen – Dose (Nr. 7), welche ebenfalls dieses Motiv in eine sehr delikate Malerei umsetzt. Hier wird der Große Turm bereits in seiner restaurierten Form mit geradem Abschluß und Zinnen gezeigt; so ist diese Arbeit in die Zeit nach nach 1865 zu datieren. Dasselbe gilt für die dem Porzellanmaler Johann Friedrich Spangenberg zuzuweisende Malerei auf einer Porzellanvase in den üppigen Formen des dritten Rokoko (Nr. 8; Farbtafel 25,1). Die großzügige Schilderung der Landschaft und die delikate Gestaltung im Bereich des Himmels verweisen auf Spangenberg als Urheber sowie auf eine Datierung in die späten sechziger Jahre des 19. Jahrhunderts.

Abb. 2: Einsatz eines Zinndeckels an einem gläsernen Bierhumpen, Nr. 9 (Städt. Museum Göttingen)

Offensichtlich eine Arbeit eines Spangenberg-Gehilfen ist die Abbildung der Plesse auf dem Einsatz eines Zinndeckels an einem gläsernen Bierhumpen (Nr. 9; Abb. 2); hier findet sich der Große Turm zwar bereits mit seinem Zinnenkranz versehen, aber dahinter und darüber ist üppiger Baumbewuchs zu erkennen. Die Darstellung widerspricht dem tatsächlichen Bauablauf im Rahmen der Restaurierung (vgl. Dost 1989, S. 16-22).

Dasselbe ist über eine der schönsten und qualitätvollsten Plesse-Darstellungen in der Göttinger Porzellanmalerei zu sagen: Es handelt sich um die Bemalung einer großen Tasse mit der Marke der Königlichen Porzellanmanufaktur Berlin (Nr. 10, Farbtafel 25,2). Die Malerei, die in der Wiedergabe einer frühabendlichen Stimmung mit den rötlichen Tönen der gerade untergegangenen Sonne und ihres Widerscheins auf den Mauern der Ruine im Mittelgrund und den Bäumen des Vordergrundes über der bereits von der beginnenden Dunkelheit erfaßten Weite des Leinetals ihresgleichen sucht, ist das Werk des hochbegabten Petri-Sohnes Bernhard. Dieser war seinem Vater in der Leitung der Firma gefolgt, nachdem Petri sen. begonnen hatte, sich mit der um 1840 als neues Bildmedium verbreitenden Technik der Daguerreotypie zu beschäftigen und als erster Photograph in der Stadt ein eigenes Atelier eröffnete[7]. Dem Sohn hatte er, wie man an diesem Beispiel deutlich erkennt, eine hervorragende Ausbildung vermittelt, die es diesem ermöglichte, an die großen Erfolge seines Vaters in den dreißiger und vierziger Jahren anzuschließen. Petri bereicherte die Darstellung der Landschaft zusätzlich um eine figürliche Szene im Vordergrund; hier findet sich ein Jäger mit Hund im Gespräch mit einem Bauernmädchen, das mit Kiepe und Rechen offenbar vom Heumachen heimkehrt. Die Figur des Jägers könnte ein verstecktes ›Portrait‹ des Vaters Petri sein; dieser war berühmt für seine Begeisterung für das Waidwerk, und es existiert in der Sammlung des Göttinger Museums eine Daguerreotypie, welche ihn in exakt dem auf der Tasse dargestellten Jägerkostüm mit der charakteristischen Mütze zeigt.

Noch im Zustand vor dem Beginn der Restaurierungsarbeiten ist der Große Turm auf der Malerei einer durch besonders reiche Goldstaffierung ausgezeichneten Tasse dargestellt, welche ebenfalls der Königlichen Porzellanmanufaktur Berlin entstammt und durch die Marke auf die Zeit um 1847/49 datiert ist (Nr. 11, Farbtafel 25,3). Der Himmel über der weiten Landschaft des Leinetals ist sehr fein abgestuft, und die Ruine erscheint in ihrer Spornlage wie in leichtem Dunst; der Große Turm zeigt die große Bresche, die die Zeit ihm zugefügt hatte. Die Gestaltung der Bäume im Vordergrund wie die Bezeichnung in goldener Schrift *„Plesse von Depperhausen ab"* weisen wieder einmal auf Carl Friedrich Schmidt als ausführenden Maler, der in diesem Fall bei der Dekoration einer besonders wertvollen Tasse auch all seine Fähigkeiten zeigt – ohne jedoch an die der beiden Petri letztlich heranzureichen.

Zwei Miniaturplatten mit Darstellungen der Plesse nach dem Vorbild von Riepenhausen stehen als Beispiel für die Verwendung von Porzellanmalereien als Schmuckelemente; die eine, rechteckig mit abgeschrägten Ecken, ist in einen silbernen Rahmen mit gekordeltem Rand und Anstecknadel auf der Rückseite gefasst, dadurch also als Schmuckstück ausgewiesen (Nr. 12). Die feine Malerei mit sorgsam ausgeführter Landschaft in duftig-atmosphärischer Tönung und zart abgestufter Farbigkeit von Wolken und Himmel läßt sich Johann Friedrich Spangenberg zuweisen. Die Darstellung der 1869 datierten und mit *„Fascher sen."* dem Maler Louis Fascher zuzuordnenden hochovalen Porzellanplatte (Nr. 13; Abb. 3) – sicherlich ebenfalls für eine Schmucknadel bestimmt – zeigt bei gewisser Kühle in der Farbigkeit eine vergleichbar virtuose Gestaltung von Landschaft und Himmel.

Wie die Darstellung der Ruine nach dem Vorbild des Riepenhausenschen Stamm-

Abb. 3: Platte für eine Schmucknadel, Nr. 13; (Städt. Museum Göttingen)

Abb. 4: Einsatzplatte eines Zinndeckels, Nr. 16 (Städt. Museum Göttingen)

buchblattes im Fall des ›Mittelguts‹, d.h. mit nicht so hohem Anspruch an die malerische Qualität wirkt, zeigen drei Objekte, die in der Werkstatt Spangenberg offenbar durch einen Gehilfen bemalt worden sind: Eine Tasse mit reicher, stark beriebener Goldstaffierung und der Marke der in Tiefenfurt/Schlesien ansässigen Porzellanfabrik Donath (Nr. 14), ein Aschenbecher (Nr. 15, Farbtafel 26,1) sowie zwei Einsatzplatten für Zinndeckel (Nr. 16; Abb. 4 und 17). Alle drei Objekte zeigen Ähnlichkeiten in der eher summarisch dargestellten Hintergrundslandschaft, vor allem aber eine stark ins Violett tendierende Färbung der Bäume am Hang unterhalb der Ruine – offensichtlich ein Brenn- oder Farbfehler, der gerade bei den späten Objekten der Spangenberg-Werkstatt häufig anzutreffen und für eine gewisse Sorglosigkeit im Umgang mit der Brenntechnik Zeugnis ist. Auch das Hauptmotiv, die Burgruine, ist in diesen Malereien eher summarisch und auf das Wesentliche reduziert dargestellt. Die Tasse datiert die drei qualitativ vergleichbaren Arbeiten durch ihre Firmenmarke in die späten achtziger Jahre des 19. Jahrhunderts.

Eine sehr freie Umsetzung des Motivs zeigt schließlich eine flache Henkelschale der Marke Carl Tielsch, Altwasser/Schlesien (Nr. 18). Im Spiegel zeigt sie den „Deutschen Garten" vor dem Geismartor, auf der Fahne in vier ovalen Reserven neben den seinerzeit prominenten Ausflugszielen Rohns, Marwedels Garten und Mariaspring auch die Plesse, wie sie sich am Ende des 19. Jahrhundert darstellte: Nach der im Mittelbild an den im Deutschen Garten flanierenden Damen und Herren erkennbaren Mode handelt es sich bei der Schale um ein Erzeugnis der Zeit um 1880/90; die Malerei dürfte in der Firma von Theodor Holborn durch einen seiner Angestellten ausgeführt worden sein.

Ein Stammbuchblatt von Christian Andreas Besemann, das die Ruine aus der Nähe und von der Südseite zeigt und ganz im Sinne romantischer Ruinenromantik gehalten ist, hat offensichtlich Carl Friedrich Schmidt für seine Darstellung auf einer Vase als Vorbild benutzt, die sich in Privatbesitz befindet (Nr. 19, Farbtafel 26,2). Das Stück trägt keine Marke, zeichnet sich aber durch eine sehr reiche Goldstaffierung aus, die in der Rahmung der Malerei radierte Ornamentik zeigt. Die Trompetenform der Vase entspricht den Formen um 1840. Der sehr repräsentativen Gestaltung entspricht die Qualität der Malerei, die offensichtlich von Schmidt selbst stammt.

Von der Hand eines Gehilfen in der Schmidt-Werkstatt stammt ersichtlich die Malerei auf einer Tasse im selben Besitz (Nr. 20). Vorbild war eine weitverbreitete bildliche Darstellung der Plesse um die Mitte des 19. Jahrhunderts, der Stahlstich von E. Höfer nach der Zeichnung von Adolf Hornemann, welche das Ruinenhafte der Anlage in romantischer Überhöhung zeigt. Die etwas unsensible Farbigkeit und die eher schematische Darstellung in den Detailformen der Malerei sind vergleichbar schwächer in Qualität und Ausführung als bei der Malerei der vorher betrachteten Vase. Eindeutig wieder die ›Handschrift‹ Carl Friedrich Schmidts zeigen die Darstellungen auf einer weiteren Tasse im Privatbesitz (Nr. 21, Farbtafel 27,1) wie auf einer Vase in den Formen des ›Dritten Rokoko‹ (Nr. 22); Landschaft und Himmel sind atmosphärisch und in harmonischer Farbigkeit ausgeführt, die Malerei setzt das graphische Vorbild durchaus eigenständig um. Dasselbe gilt – noch stärker ausgeprägt – für die Malerei auf einer Tasse der Königlichen Porzellanmanufaktur Berlin mit der Marke der Jahre 1847-49 (Nr. 23, Farbtafel 27,2). Im warmen abendlichen Licht liegt die Burgruine im Zentrum der Darstellung, ein rötlich-goldener Schimmer liegt über der Landschaft; dräuend ragt der Große Turm über den zerfallenden Mauern der Toranlage. Seine bröckelnde Wand leuchtet im Widerschein des Lichts; links erscheint fast als Silhouette vor Himmel und Wolken der Kleine Turm, und ein einsamer Wanderer nimmt seinen Weg durch den Torbogen in das Innere der Burganlage. Die stimmungsvolle, warmtonige Malerei ist offensichtlich eine Arbeit von Johann Friedrich Spangenberg, die um 1850 entstand.

Etwa zehn bis fünfzehn Jahre jünger ist die letzte hier zu behandelnde Arbeit aus dem Kreis der Göttinger Porzellanmaler und sie zeigt die Burgruine aus einer völlig ungewohnten Sicht, welche sich auf kein Vorbild in der zeitgenössischen Graphik zurückführen läßt, nämlich von Nordwesten. Die Malerei findet sich auf einer eher schlichten, auch in der Vergoldung eher sparsam gehaltenen Tasse (Nr. 24, Farbtafel 27,3) und zeichnet sich ihrerseits durch eine stark atmosphärisch geprägte Malerei aus, die von der Hand des jüngeren Petri stammt. Die technische Perfektion in der Malerei, die stimmungsvolle, vom rötlichen Schimmer des Abendlichts bestimmte Farbigkeit sowie das offensichtlich aus eigener Anschauung entwickelte Motiv zeigen noch einmal, zu welchen Leistungen die Göttinger Porzellanmaler imstande waren. Nicht zuletzt dieser hohe Anspruch in der Qualität hat dazu geführt, daß sich bis zur Gegenwart zahlreiche Erzeugnisse dieser künstlerisch bestimmten ›Kleinindustrie‹ in privatem wie öffentlichem Besitz erhalten haben.

Anmerkungen

1 In Jena hatte sich die Porzellanmalerei bereits um 1800/10 etabliert, und von dort bezog Wedemeyer zunächst die begehrte Ware.

2 Nur in seltenen Fällen wurde teures Manufaktur-Porzellan 1. Wahl bemalt; solche Stücke wurden überwiegend für Ausstellungen geschaffen. Häufig sind die in Göttingen bemalten Porzellanobjekte ohne Marke, in manchen Fällen verraten vor dem Brand angebrachte Prägemarken, daß es sich um Objekte 2. Wahl (d.h. mit kleinen Fehlern) aus den Manufakturen handelt.

3 Handschreiben des Präsidenten der Ausstellungskommission an Philipp Petri vom 5.10.1837 (Städtisches Museum Göttingen, Inv.Nr. 1905/202)

4 Der Bierkrug ist insofern eine Rarität, als das Corps nur bis 1868 bestand.

5 Petri wandte sich im übrigen vehement gegen den Versuch Albrechts, als dieser im Jahr 1846 als immerhin 33jähriger Mann sich mit einer eigenen Werkstatt niederlassen wollte, und hatte damit beim Magistrat der Stadt Erfolg. Erst 1863 gelang Georg Albrecht der Schritt zur Selbständigkeit.

6 Dabei ist durchaus am Erhaltungszustand vieler Objekte der Porzellanmalerei zu erkennen, daß diesen eben falls rein repräsentativer Charakter zugemessen worden ist.

7 Sein Konkurrent Spangenberg folgte ihm in diesem Metier kurze Zeit später.

Liste der besprochenen Porzellanstücke

Nr. 1: Städtisches Museum Göttingen, Inv.Nr. 1992/75
Nr. 2: Städtisches Museum Göttingen, Inv.Nr. 1935/190, 191
Nr. 3: Städtisches Museum Göttingen, Inv.Nr. 1904/465
Nr. 4: Städtisches Museum Göttingen, Inv.Nr. 1937/331
Nr. 5: Städtisches Museum Göttingen, Inv.Nr. 1937/332
Nr. 6: Privatbesitz
Nr. 7: Städtisches Museum Göttingen, Inv.Nr. 1905/497
Nr. 8: Städtisches Museum Göttingen, Inv.Nr. 1899/428
Nr. 9: Städtisches Museum Göttingen, Inv.Nr. 1895/520
Nr. 10: Städtisches Museum Göttingen, Inv.Nr. 1985/28
Nr. 11: Städtisches Museum Göttingen, Inv.Nr. 2001/4
Nr. 12: Städtisches Museum Göttingen, Inv.Nr. 1979/365
Nr. 13: Städtisches Museum Göttingen, Inv.Nr, 1889/741
Nr. 14: Städtisches Museum Göttingen, Inv.Nr. 1894/148
Nr. 15: Privatbesitz
Nr. 16: Städtisches Museum Göttingen, Inv.Nr. 1921/133
Nr. 17: Städtisches Museum Göttingen, Inv. Nr.1941/18
Nr. 18: Städtisches Museum Göttingen, Inv.Nr. 1987/402
Nr. 19: Privatbesitz
Nr. 20: Privatbesitz
Nr. 21: Privatbesitz
Nr. 22: Städtisches Museum Göttingen, Inv.Nr, 1903/1048
Nr. 23: Städtisches Museum Göttingen, Inv,.Nr. 1983/209
Nr. 24: Städtisches Museum Göttingen, Inv.Nr. 1982/559

Literatur:

Brinkmann 2000

Brinkmann, Jens-Uwe: „....in jeder Hinsicht vollkommen so schön als dergleichen Arbeiten irgendwo gemacht werden.,.." Porzellanmalerei in Göttingen. Göttingen 2000.

Dost 1989

Dost, Siegfried: Restaurierungsarbeiten auf der Burg Plesse im 19. Jahrhundert. In: Plesse-Archiv 25 (1989), S. 7-323.

Last 1975

Last, Martin: Die Burg Plesse. In: Plesse-Archiv 10 (1975/77), S. 9-249.

Peter Aufgebauer

Der Wiener Kongreß, die Welfen und die Plesse

Die als eine reichsunmittelbare selbständige Landesherrschaft geltende ›Herrschaft Plesse‹, die sich die Edelherren von Plesse im späten Mittelalter aufgebaut hatten, gehörte seit dem Tod Dietrichs V. von Plesse im Jahre 1571 zur Landgrafschaft Hessen. Als Napoleon nach seinem Sieg über die preußischen Truppen bei Jena und Auerstedt (1806) und dem Frieden von Tilsit im Jahre 1807 für seinen Bruder Jérome das Königreich Westphalen mit der Residenz Kassel schuf, wurde zusammen mit dem größten Teil Nordwestdeutschlands auch das bisher hessische ›Amt Plesse‹ diesem neuen Königreich zugeschlagen. Der von einem ›Maire‹ geleitete ›Canton‹ Bovenden im ›Leine-Departement‹ bildete nunmehr die neue Verwaltungseinheit.

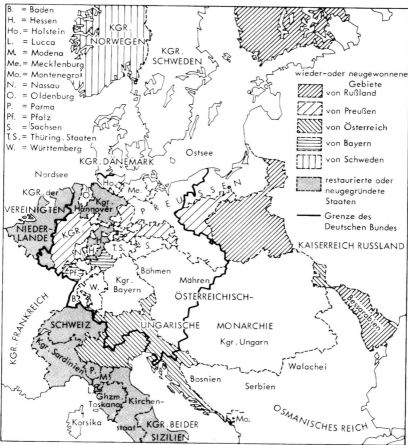

Abb. 1: Europa im Jahre 1815 nach dem Wiener Kongreß (Bergeron e. a. 1984, S. 201, hier Abb. 19)

Diese von der französischen Fremdherrschaft geschaffene politische Konstruktion hatte nicht lange Bestand: Nach dem gescheiterten Rußland-Feldzug Napoleons verließ der preußische General Hans David Ludwig York von Wartenburg mit seinen Truppen die französisch-österreichisch-preußische Allianz und schloß am 30. Dezember 1812 bei Tauroggen an der ostpreußisch-litauischen Grenze auf eigene Faust einen Neutralitätsvertrag mit Rußland (›Konvention von Tauroggen‹). Damit war zugleich das Signal für eine breite Erhebung gegen Napoleon gegeben, die schließlich mit der dreitägigen Völkerschlacht von Leipzig (16. - 19.10.1813) dem französischen Heer eine vernichtende Niederlage zufügte. Im folgenden Jahr begannen mit dem Wiener Kongreß (18.9.1814 - 7.6.1815) die diplomatischen Bemühungen um eine Neuordnung Europas, was freilich in der Hauptsache auf eine erneute Etablierung der alten vor-napoleonischen Herrschaftsverhältnisse und Regierungen hinauslief.

Für das heutige Niedersachsen brachte der Wiener Kongreß im Ergebnis einige wichtige politische und territoriale Veränderungen: Das Kurfürstentum Hannover, seit 1714 in Personalunion mit dem Königreich England verbunden, wurde zum Königreich erhoben, und eine Reihe bislang nicht von den Welfen regierter Gebiete wurden nun dem neuen Königreich zugeschlagen, darunter das Bistum Hildesheim, die Reichsstadt Goslar, das Untereichsfeld, die Grafschaften Nieder-Lingen und Bentheim, sowie das Emsland.

Prinzip dieser Gebietsveränderungen war es, die bisherigen fürstlichen Länder zu arrondieren und die zumeist aus den Zufällen von Erbgängen der frühen Neuzeit entstandenen territorialen Exklaven zu beseitigen. In diesem Konzept der angestrebten Arrondierung wurde im Spätherbst des Jahres 1814 in Wien auch über die Herrschaft Plesse verhandelt: Am 17. Dezember 1814 sandte der Interessenvertreter Hannovers in Wien, Ernst Graf zu Münster, *„der eigentliche Schöpfer des Königreiches"* (Ernst Schubert) einen als *„geheim"* deklarierten Bericht an Georg IV., der für seinen erkrankten Vater als ›Prinzregent‹ die Geschäfte führte; darin ist zum ersten Mal die Rede von einem preußisch-hessisch-hannoverschen Gebietsaustausch, der auch die ehemalige Herrschaft Plesse umfassen sollte. Der nach weiteren Verhandlungen schließlich am 29. Mai 1815 in Wien unterzeichnete preußisch-hannoversche Vertrag übertrug in seinem Artikel 5 sämtliche bisher bei Hessen liegende Hoheitsrechte an der Herrschaft Plesse, dem ehemals plessischen Hauskloster Höckelheim sowie dem Amt Neuengleichen auf den König von Hannover; mit Zustimmung des Kurfürsten von Hessen und des Landgrafen von Hessen-Rotenburg, denen ihrerseits Preußen territoriale Zugeständnisse gemacht hatte, wurde der Tausch-Vertrag am 23. September 1815 in Paris erneuert.

Daraufhin entließ Landgraf Victor Amadeus von Hessen am 6. Februar 1816 seine bisherigen Untertanen in *„dankbarer Anerkennung der vorzüglichen Treue und Anhänglichkeit"* in die neuen Herrschaftsverhältnisse, *„indem wir sie auffordern, in ihr künftiges Verhältnis zu dem Königreich Hannover ein gleiches Bestreben von Treue und Ergebenheit zu übertragen"* (Busch 1967, S. 45). Knapp eine

Woche später ließ dann der Prinzregent Georg am 12. Februar 1816 in Hannover das folgende ›Besitzergreifungspatent‹ publizieren (Ebhardt 1840, S. 14):

Patent wegen Besitznahme der Herrschaft Plesse, des Klosters Höckelheim und des Amts Neuen=Gleichen.

Georg, Prinz=Regent etc. Nachdem in Gefolg der mit Sr. K. Majestät von Preußen unterm 23sten September 1815 zu Paris getroffenen freundschaftlichen Übereinkunft, und unter Zustimmung und Bewilligung Sr. K. Hoheit des Churfürsten von Hessen, und Sr. Durchlaucht, des Landgrafen von Hessen-Rotenburg, die Herrschaft Plesse nebst dem Kloster Höckelheim, sowie auch das Amt Neuen-Gleichen sammt den dazu gehörigen Pertinenzen, mit aller gedachter Sr. K. Hoheit und seiner Fürstlichen Durchlaucht daran zustehenden Landes-Hoheits-, Ober-Herrlichkeits-, Lehns-, Domanial- und andern Rechten, welche sie darin oder als Zubehör derselben bisher besessen haben, an Uns abgetreten worden ist, und Wir die gedachten Landes-Districte mit allen dazugehörigen Pertinenzen für Uns und Unser Haus haben in Besitz nehmen lassen;

So übernehmen wir hiermit, und kraft dieses öffentlich zu publicirenden Patents die Regierung derselben, und begehren, unter Vorbehalt der Ableistung der förmlichen Landeshuldigung, gnädigst, daß die sämmtlichen geistlichen und weltlichen Unterthanen, Vasallen und Einwohner Unserer Herrschaft Plesse, Unsers Klosters Höckelheim und Unsers Amtes Neuen-Gleichen, nunmehr Uns als ihren alleinigen Landesherrn anerkennen, und Uns, Unsern Erben und Nachkommen treu, hold und gewärtig sein sollen.

Wie es uns nun zu besonderer Zufriedenheit gereicht, durch freundschaftliche Übereinkunft zu dem Besitz eines Landes-Distrikts zu gelangen, auf welchen die von ältern Zeiten herrührenden Ansprüche Unsers Hauses nie ganz aufgegeben worden sind, und der ohnehin schon, seiner geographischen Lage nach, mit dem Erb-Fürstenthume Unsers Hauses in der engsten Verbindung steht;

So zweifeln Wir um so weniger, daß die gesammten Unterthanen derselben allem demjenigen, was in Unserm Namen Unser bevollmächtigter Commissarius, Geheimer Cammer-Rath von Arnswaldt, und der von demselben, kraft der ihm dazu verstatteten Gewalt, subdelegirte Ober-Amtmann Lueder ihnen zu erkennen geben wird, sich gehorsam und willig fügen, auch überhaupt Uns und Unserm Hause mit denjenigen beschwornen Pflichten, womit sie der bsiherigen Regierung verbunden gewesen, gern zugethan, und mit aufrichtiger Treue und aller schuldigen Unterthanen-Pflicht ergeben sein werden, wogegen auch sie Unserer unermüdeten Sorgfalt für ihren Wohlstand und Unsers nachdrücklichen Schutzes bei ihren habenden Rechten mit völligem Zutrauen auf Unsere Landesväterliche Huld und Gnade sich versichert halten können.

Gegeben Hannover, den 12. Februar 1816.

Kr[aft]. Sr. K. H. des Prinzen Regenten Special-Befehls.

C v. d. Decken   Bremer

Mit Verordnung vom 24. April 1817 wurde dann bestimmt, *„in den mit Unserm Königreiche vereinigten vormals Hessischen Landestheilen, der Herrschaft Plesse mit dem Kloster Höckelheim und dem Amte Neuengleichen, vom 1sten May 1817 an, diejenige Verfassung eintreten zu lassen, welche in den übrigen Provinzen besteht"* (Busch 1967, S. 44). Damit war, unter Beibehaltung der bisherigen verwaltungsmäßigen Gliederung, das hannoversche Amt Bovenden administrativ etabliert. Der letzte, aus rechtlichen Gründen erforderliche Akt, welcher von Seiten der Untertanen die neuen staatsrechtlichen Verhältnisse besiegelte, war die Huldigung an den neuen Landesherrn. Sie erfolgte wenige Tage nach dem offiziellen Übergang an das Hannoversche Königreich; ihr Wortlaut ist im Bovender Plesse-Archiv überliefert (ebd., S. 45):

„Die Einwohner der Herrschaft Plesse lebten, seit beynahe 250 Jahren, unter der Regierung des alten, erhabenen und ehrwürdigen Hessischen Fürsten-Hauses zufrieden und glücklich. Besonders ließen Seine Königliche Hoheit der jetzt regierende Kurfürst Wilhelm der erste und Sn: Durchlaucht der Herr Landgraf von Hessen-Rheinfels-Rotenburg es sich landesväterlich angelegen seyn, das Glück ihrer getreuen Unterthanen zu befördern. Niemals wird die allerdankbarste Erinnerung an die Wohlthaten, welche die Erhabenen Fürsten von Hessen den Bewohnern der Herrschaft Plesse zufließen ließen, in ihren Herzen ersterben. Jetzt hat Gottes allwaltende Vorsehung die Herrschaft Plesse dem Szepter Seiner Königl: Majestät von Großbritannien und Hannover Georg des dritten und der milden Regierung Seiner Königl. Hoheit des Prinzen Regenten unterworfen. Diesem und dem ganzen Allerdurchlauchtigsten Königl: Großbritannischen-Hannöverschen Königs Hause werden die Bewohner der Herrschaft Plesse mit der ihren bisherigen Regenten bewiesenen Treue von dieser feierlichen Stunde an, fest anhangen, besonders da sie der sichern Fortdauer ihrer glücklichen Tage mit Gewißheit entgegen sehen dürfen. Und wir die bisherigen Vorgesetzten der respectiven Gemeinden dieser Herrschaft huldigen gegenwärtig mit Herz, Mund und Hand, auf das Feierlichste, unsern jetzigen Allergnädigstem Könige und Seiner Königl. Hoheit dem Prinzen Regenten."

Das durch die Gebietserwerbungen des Wiener Kongresses erweiterte Königreich Hannover umfaßte rund 38.000 Quadratkilometer und zählte etwa 1,3 Millionen Einwohner – von Größe und politischem Gewicht her eine der Mittelmächte des Deutschen Bundes. Die Regierungsgeschäfte übertrug Georg IV. seinem jüngeren Bruder Adolph Friedrich Herzog von Cambridge als General-Gouverneuer. Er selbst besuchte sein Hannoversches Königreich erst vier Jahre später, 1821, nachdem sein Vater Georg III. verstorben war (29.1.1820) und er die Herrschaftsnachfolge angetreten hatte. Dieser dreiwöchige Besuch in Hannover war der erste Aufenthalt eines regierenden Welfen seit mehr als 60 Jahren (vgl. Beitrag G. Keindorf, Tourismus, in diesem Band).

Quellen und Literatur

Bergeron e.a. 1984
Das Zeitalter der europäischen Revolution 1780-1848. (= Fischer Weltgeschichte Bd. 26), hg. v. Louis Bergeron, François Furet und Reinhart Koselleck. Frankfurt am Main 1984.

Busch 1967
Busch, Ralf: Die Gründung des hannoverschen Amtes Bovenden im Jahre 1817. In: Plesse-Archiv 2 (1967), S. 41-47.

Ebhardt 1840
Ebhardt, Christian Hermann (Hg.): Gesetze, Verordnungen und Ausschreiben für das Königreich Hannover 1813 bis 1839, Bd. 3/2. Hannover 1840.

Gundermann/Hubatsch 1981
Grundriß der deutschen Verwaltungsgeschichte, Bd. 10: Hannover, bearb. von Iselin Gundermann u. Walther Hubatsch. Marburg 1981.

Hucker e.a. 1997
Niedersächsische Geschichte, hg. von Bernd Ulrich Hucker, Ernst Schubert u. Bernd Weisbrod, Göttingen 1997.

Klüber 1816
Klüber, Johann Ludwig (Hg.): Acten des Wiener Congresses in den Jahren 1814 und 1815, Bd. 6. Erlangen 1816.

Müller 1986
Müller, Klaus (Hg.): Quellen zur Geschichte des Wiener Kongresses 1814/1815. Darmstadt 1986.

Peter Aufgebauer

Die Plesse im Revolutionsjahr 1848

Massive politische Unruhen, die sogenannte Februarrevolution, führten im Frühjahr 1848 in Paris zum Sturz der Monarchie und zum gewaltsamen Ende der ›Restaurationszeit‹, einer Epoche, deren Hauptmerkmale eine ausgesprochen rückwärtsgewandte Politik gewesen war. Das französische Vorbild zog Unruhen und Umsturzversuche in Italien, Ungarn und schließlich auch in Deutschland nach sich; Ende Februar und Anfang März kam es zunächst in Süddeutschland zu Versammlungen und Demonstrationen, welche die Regenten zu liberalen Reformen und Zugeständnissen zwangen, den sogenannten Märzerrungenschaften. Dazu zählten etwa: konstitutionelles Regierungssystem, Einberufung einer deutschen Nationalversammlung, Pressefreiheit, Volksbewaffnung, Beteiligung des Volkes an der Rechtsprechung durch die Einführungen von Geschworenengerichten.

Auch im Königreich Hannover wurden politische Forderungen laut, erste Höhepunkte waren Volksversammlungen in Hannover und in Osnabrück um die Mitte des Monats März und tumultuarische Unruhen in der Universitätsstadt Göttingen. Hier kam es zu blutigen Auseinandersetzungen zwischen Studenten und den Polizeikräften in der Nacht vom 11. auf den 12. März. Eine Woche später zogen die Studenten unter Protest aus der Stadt und drohten, Göttingen endgültig zu verlassen; dies bedeutete eine akute Bedrohung für die Universität überhaupt. Den allgemeinen Forderungen nach mehr Liberalität und Rechtsstaatlichkeit fügten die Göttinger Studenten das Verlangen nach einer Revision der Disziplinargesetze hinzu; unter beträchtlichem öffentlichen Druck gab König Ernst August schließlich nach, indem er am 20. März die Aufhebung der Zensur verkünden ließ, Koalitionsfreiheit und Amnestie für politische Gefangene verfügte und ein Reformministerium, dem neben konservativen auch liberale Politiker angehörten, einsetzte; wenige Tage später wurde in der Hauptstadt Hannover, entsprechend der Forderung nach Volksbewaffnung, eine Bürgerwehr einberufen, bald darauf auch in Göttingen. Nach Hannoverschem und Göttinger Vorbild wurde Ende März des Jahres auch in Bovenden zunächst eine Bürgerwehr gegründet, *„um in der jetzt so sehr aufgeregten Zeit drauf doch Bedacht zu nehmen, daß bei den entstehenden örtlichen Unruhen Personen und Eigenthum möglichst gesichert und geschützt seyen"* (Dost 1998, S. 207).

Schon fünf Tage später, am 2. April, trat in Bovenden eine Volksversammlung zusammen, die ihrem Selbstverständnis nach nicht eine spontane Aktion sein sollte, sondern sich vielmehr als dauerhafte Institution verstand, mit eigenem Präsidium und Präsidiumssekretär. Rechtsanwälte und ein Geistlicher, der Bovender Superintendent van Nes, waren anfangs die eigentlichen Wortführer; die Volksversammlung erhob den Anspruch auf Kontrolle über den Haushalt der Gemeinde, auf Überprüfung der Gemeinderechnungen, forderte die Bürgermeisterwahl durch die Einwohner des Fleckens sowie die Festsetzung eines bestimmten Gehalts für den

Bürgermeister. Gleichzeitig, Ende März bis Anfang April, tagte in Frankfurt am Main das Vorparlament, eine Versammlung von mehr als fünfhundert Vertrauensmännern aus allen deutschen Staaten; es traf vorbereitende Vereinbarungen für die Abhaltung einer deutschen Nationalversammlung. Diese wurde dann am 18. Mai in der Frankfurter Paulskirche eröffnet; das heutige südliche Niedersachsen wurde hier vom Göttinger Justizrat Gustav Hugo vertreten, anstelle des eigentlich gewählten liberalen Geschichtsprofessors Friedrich Christoph Dahlmann, der zu den „Göttinger Sieben" von 1837 gezählt hatte, damals das Königreich Hannover verlassen mußte und jetzt an der Universität Bonn lehrte. Weil ihn bereits ein anderer Wahlkreis benannt hatte, fiel die hiesige Vertretung auf Gustav Hugo.

Unter dem Vorzeichen des errungenen politischen Erfolgs und in der allgemeinen Aufbruchstimmung des bürgerlichen Parlamentarismus sollte das Schützenfest dieses Jahres, der traditionelle Ausdruck der Wehrhaftigkeit des Bürgers, auch in Bovenden als ein großes Volksfest begangen werden, zu dem man „besonders in diesem Jahre" Anlaß sah. In patriotischer Hochstimmung und mit neuem staatspolitischem Bewußtsein, wenn auch in den traditionellen Formen, wurde das Fest vom 20. bis 23. Juli begangen.

Kaum war es nach harmonischem Verlauf zuende gegangen, kam es Ende Juli erneut zu tumultuarischen Szenen: Der Göttinger Privatdozent Dr. Otto Volger, vom Fach her Mineraloge, der sich zum „Gründer der Landvolkversammlungen im Göttingenschen" erklärt hatte, proklamierte für den 30. Juli eine allgemeine „Volksversammlung der Provinzen Grubenhagen und Göttingen" auf der Plesse; unter Bekundung der „deutschen Gesinnung" der Teilnehmer sollte hier eine Adresse an die Frankfurter Nationalversammlung verabschiedet werden (Gresky 1973, S. 35 f.). Für das Königreich Hannover wurde der Rücktritt des Kabinetts Stüve sowie die Einberufung einer neuen konstituierenden Ständeversammlung gefordert – durchaus radikale politische Forderungen, die bezeichnenderweise inmitten einer Ruine erhoben wurden, die nicht nur traditioneller Versammlungsort der Göttinger akademischen Jugend war, sondern die zugleich eben durch den Ruinencharakter die Vergänglichkeit und Unzeitgemäßheit der feudalen Herrschaftsstrukturen buchstäblich vor Augen führen sollte.

Von Beginn an war die Versammlung von Störungen begleitet, strittig war schon, wer als Versammlungsleiter fungieren sollte. Als statt des geschätzten Superintendenten van Nes der Bovender Rechtsanwalt Hesse mit der Leitung beauftragt wurde, verließen bereits etliche Teilnehmer den Versammlungsort unter Protest, teilweise wurden sie regelrecht abgedrängt. Nach dem Ende der Versammlung kam es in Mariaspring zu Rangeleien, Pöbeleien und Handgreiflichkeiten zwischen Versammlungsteilnehmern aus Göttingen und Einheimischen. Rasch umlaufende Gerüchte bauschten diese Auseinandersetzungen auf, woraufhin Bovender Einwohner die Chaussee sperrten, um den Göttingern den Rückweg in die Stadt zu verlegen. Erst in der Nacht und unter dem Schutz der Göttinger Bürgerwehr konnten die Göttinger vom Rauschenwasser abziehen. Beim Passieren der Ortschaft Bovenden kam es aus im einzelnen nicht geklärten Gründen zu einer Schießerei, bei der ein Göttinger Bürgerssohn tödlich verletzt wurde – entsprechend groß war anschließend die Empörung in Göttingen. Die friedliche, national orientierte Begeisterung, wie sie beim Schützenfest wenige Tage zuvor deutlich geworden war, hatte einen kräftigen Dämpfer erfahren.

Abb. 1: Otto Volger als Göttinger Privatdozent 1848 (Gresky 1973, Tafel 2)

Wie nicht anders zu erwarten, hatte die ›Volksversammlung auf der Plesse‹ ein gerichtliches Nachspiel. Otto Volger entging während des gegen ihn wegen Rädelsführerschaft geführten langwierigen Prozesses einer gerichtlichen Verfolgung dadurch, daß er sich Exil in die Schweiz begab. Rückblickend formulierte er im Jahre 1852: *„Ich habe mein Vaterland einzig aus dem Ehrgefühl verlassen, daß ich als politischer Rädelsführer einer der damaligen Regierung feindlichen Partei nicht von der Gnade und Gunst politischer Gegner leben wollte"* (ebd., S. 48).

Im Jahre 1856 wechselte er aus der Schweiz nach Frankfurt am Main und trat hier eine Professur bei der Senckenbergschen Naturforschenden Gesellschaft an; weit über Frankfurts Grenzen hinaus wurde er schließlich 1859 als Gründer des ›Freien Deutschen Hochstifts‹ bekannt, jener berühmten Vereinigung, die als geistige Institution die ›besten Kräfte des ganzen deutschen Volkes‹ zur Pflege von Kunst, Wissenschaft und Bildung sammeln wollte – auch eine Form politischen Engagements des Bürgertums, und insofern in der Tradition von 1848 angesiedelt. Otto Volger selbst hat sich 1873 in einer Rede zum 25. Jahrestag der Eröffnung des Frankfurter Vorparlaments zu seiner revolutionären Göttinger Vergangenheit (und unwillkürlich zu ihrer national-schwärmerischen Prägung) bekannt: *„Es war eine herrliche, unvergleichliche Zeit, jener März von 1848. Glücklich zu preisen jeder, dem es vergönnt war, damals schon mit vollem Bewußtsein mitzuerleben. Ein beispielloses Aufjauchzen eines ganzen Volkes, eine Erhöhung, eine Veredelung aller seiner Glieder"* (ebd., S. 49).

Quellen und Literatur

Dost 1998

Dost, Siegfried: Das Revolutionsjahr 1848 in Bovender Quellen. In: Plesse-Archiv 32 (1998), S. 205-253.

Gresky 1973

Gresky, Wolfgang: Die Volksversammlung auf der Plesse 1848 und der Göttinger Revolutionär Otto Volger. In: Plesse-Archiv 8 (1973), S. 31-68.

Gresky 1974

Gresky, Wolfgang: Männer der Freiheitsbewegungen 1831 und 1848 in Südhannover. In Göttinger Jahrbuch 22 (1974), S. 167- 180.

Meinhardt 1974

Meinhardt, Günther: Göttingen in der Revolution von 1848/49. In: Göttinger Jahrbuch 22 (1974), S. 193-214.

Tütken 1998

Tütken, Johannes: „Das durch seine Beschränkung der academischen Freiheit übel berufene Göttingen". Zur Revision des „Academischen Gesetzes" im Revolutionsjahr 1848. In: Göttinger Jahrbuch 46 (1998), S. 71-92.

Gudrun Keindorf

... es ist indeß der Todestag unserer Armee ...
Der 27. Juni 1866 – das Ende?

„Als sich der Konflikt zwischen den beiden deutschen Großmächten 1866 zuspitzte, lehnte G. einen Antrag Preußens auf Neutralität ab und trat in den Krieg gegen Preußen ein. In dem Gefecht bei Langensalza im Juni 1866 entschied sich das Schicksal seines Hauses und Landes. Hannover wurde annektiert und G. entthront" (Herzfeld 1981, S. 94).

So monokausal, wie im zitierten Lexikonartikel beschrieben, stellte sich die Situation im Sommer 1866 keineswegs dar – ganz abgesehen davon, daß Georg V. nicht ›entthront‹ wurde: Er ging ins Exil (vgl. Beitrag I. Spitzbart in diesem Band) und hat bis zu seinem Tode im Jahr 1878 niemals auf die Krone verzichtet. Eines ist jedoch ›richtig‹ in dem Sinne, daß es breite Zustimmung schon zu seinen Lebzeiten erzielt: Der Schlacht bei Langensalza fällt eine entscheidende Rolle zu für die weitere politische Entwicklung (nicht nur) des norddeutschen Raumes. Es sei darum kurz skizziert, wie es zu dieser Schlacht kam und was sich daraus entwickelte. Nach dem Wiener Kongreß wurde 1815 der ›Deutsche Bund‹ mit 39 Mitgliedern ins Leben gerufen (vgl. Beitrag Aufgebauer, Wiener Kongreß), da eine Rekonstituierung des ›Heiligen Römischen Reiches Deutscher Nation‹ nicht durchsetzbar war. Zwischen den prägenden Nationen des Deutschen Bundes – Preußen und Österreich – entwickelte sich im Verlauf der nächsten Jahrzehnte ein immer stärker werdender Dualismus, der jedoch durch gewisse militärische und politische Abhängigkeiten kein Auseinanderbrechen des Deutschen Bundes provozierte (vgl. Ostertag 1995, S. 31-33). Noch im Jahr 1864 handelten die beiden Großmächte gemeinsam. Der gemeinsam begonnene Krieg gegen Dänemark – es ging um die Erbfolge der Augustenburger – wurde erfolgreich beendet. Resultat war der Gewinn von Schleswig-Holstein, das als Kondominium von beiden Mächten verwaltet wurde. In dieser Situation war reichlich Konfliktpotential enthalten, das im Frühsommer 1866 eskalierte (ebd., S. 33f.; vgl. Tab. 1).

Die Schlacht bei Langensalza ist die wohl bestbeschriebene Militäraktion der Zeit. Zahlreiche Offiziere beider Seiten, später zu einschlägigen, ›runden‹ Erinnerungstagen auch rangniedrigere Veteranen und Bewohner der Region, veröffentlichen ihre Erinnerungen und beschwören den Topos des ›tragischen Bruderkrieges‹. Als Beispiel sei der fast 400 Seiten starke Band des ›K. Sächs. Oberstleutnant a.D. (vormals in der K. Hannoverschen Armee) Victor von Diebitsch (Diebitsch 1866) genannt, der in zahlreichen Neuauflagen erschien. Eine repräsentative Auswahl dieser Literaturgattung wird in der Ausstellung gezeigt (vgl. Schubert 1995). Viele dieser Schriften beschreiben die Militäraktionen, und in der Tat ist dieser Aspekt nicht unwesentlich: Beide Teile suchten Kampfhandlungen zu vermeiden und lavierten gereits geraume Zeit umeinander herum. Die Hannoveraner versuchten nach Süden durchzustoßen, um Anschluß an die süddeutschen Truppen zu bekommen, die Preußen wollten genau dieses verhindern.

1864	Krieg Preußens und Österreichs gegen Dänemark, Errichtung des Kondominiums Schleswig-Holstein
14. 8. 1865	Konvention von Gastein: Preußen erhält Lauenburg durch Kauf und darf Festungen und Marinestützpunkte im österreichischen Holstein anlegen. Schleswig wird preußisches Verwaltungsgebiet.
8. 4. 1866	Preußen schließt einen Bündnisvertrag mit Italien gegen Österreich. Parallel wird die Rüstung forciert.
Mai 1866	Die Mittelstaaten stellen im Bundestag vergeblich den Antrag auf Abrüstung
7. 6. 1866	12.000 preußische Soldaten marschieren in Holstein ein
11. 6. 1866	Österreich stellt im Bundestag den Antrag, das Bundesheer gegen Preußen zu mobilisieren (›Bundesexekution‹)
12. 6. 1866	Geheimvertrag zwischen Österreich und Frankreich gegen Preußen Abbruch der diplomatischen Beziehungen zwischen Preußen und Österreich
15. 6. 1866	Preußen stellt ein Bündnisultimatum an Sachsen, Hannover und Kurhessen und überreicht den 19 norddeutschen Kleinstaaten Bündnisangebote, die von allen mit Ausnahme Sachsen-Meiningens akzeptiert werden. Bis Ende Juli treten 17 der verbündeten Staaten aus dem Deutschen Bund aus, der damit auseinanderbricht.
16. 6. 1866	Die preußische Elbarmee marschiert nach Sachsen ein. Die Sächsische Armee zieht sich kampflos nach Böhmen zurück und verbindet sich mit österreichischen Kontingenten.
18. 6. 1866	Die Preußen nehmen Kassel, Hauptstadt von Kurhessen in ihren Besitz. Parallel erfolgt die Besetzung des Königreiches Hannover.
27. 6. 1866	Schlacht bei Langensalza zwischen Hannover und Preußen
28. 6. 1866	Kapitulation der Hannoverschen Armee
3. 7. 1866	Nach verschiedenen kleineren Gefechten kommt des zur Schlacht bei Königsgrätz. Im Anschluß an den Sieg marschieren die Preußen auf Wien zu.
26. 7. 1866	Präliminarfrieden zwischen Österreich und Preußen
23. 8. 1866	Frieden von Prag. Gründung des ›Norddeutschen Bundes‹ unter Führung von Preußen (Deutschland nördlich der Mainlinie).

Tab. 1: Der Krieg von 1866. Chronolgie der Ereignisse (nach Ostertag 1995).

Dabei ist zu bedenken, daß die Hannoversche Armee in Thüringen auf fremden Gebiet opperierte, denn am 17. Juni 1866 hatte sie sich von Göttingen aus auf den Marsch gemacht. In der Proklamation „*An Mein getreues Volk*", die auf diesen Tag datiert ist, beschwört der fliehende König die glorreiche welfische Vergangenheit und Gottes Hilfe in der Not.

„Ich verließ die, augenblicklich gegen feindlichen Ueberfall nicht zu schützende Residenz, die Königin und Meine Töchter, die Prinzessinnen, als theure

Pfänder Meines Vertrauens zu den getreuen Bewohnern Meiner Hauptstadt dort zurücklasssend [...] Von hier aus [Göttingen] *richte Ich an Mein getreues Volk meine Worte, bleibt getreu Eurem Könige auch unter dem Drucke der Fremdherrschaft, harret aus in den Wechselfällen der kommenden Zeiten, haltet fest wie Euere Väter, die für ihr Welfenhaus und für ihr Vaterland in nahen und fernen Landen kämpften und endlich siegten, und hoffet mit Mir, daß der Allmächtige Gott die ewigen Gesetze des Rechts und der Gerechtigkeit unwandelbar durchführt zu einem glorreichen Ende"* (zitiert nach Freudenthal 1999, Anlage 4).

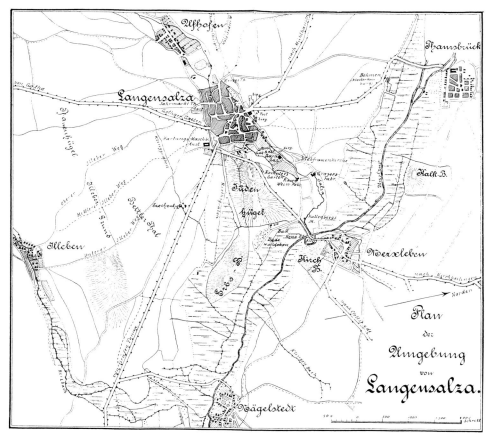

Abb. 1: Plan der Umgebung von Langensalza. Die preußischen Truppen rückten von Süden aus (hier links) an und setzten sich auf der Linie Langensalza – Judenhügel – Erbsberg fest. Die Hannoveraner formierten sich nördlich der regulierten Unstrut (hier rechts) auf der Line Thamsbrück – Merxleben – Nägelstedt. Die härtesten Kämpfe fanden im Bereich des Badewäldchens und Kallenbergs Mühle statt, da hier eine Brücke über den Fluß führt (Sichart 1901, Tafel 3).

64

›Solange die Armee noch existiert, so lange existiert das Königreich‹, diese königliche Devise leitete die Strategie des Generalsstabes. Im Schlachtengeschehen selbst, zwischen Merxleben, Langensalza und Thamsbrück (Farbtafel 28, 1 und 28, 2) stehen die Preußen einer Übermacht gegenüber, einzelne Truppenteile haben Gewehre, auf die sie nicht eingeübt sind oder falsche Munition. Darum endet der 27. Juni mit einem Sieg der Hannoveraner. Am nächsten Morgen sollte sich die Situation jedoch grundlegend gewandelt haben. Über Nacht waren – unter Einsatz der Eisenbahnlinie Erfurt-Gotha-Eisenach – zahlreiche frische, preußische Kontingente eingetroffen, der sich die vom langen Fußmarsch erschöpften Hannoveraner nicht erneut entgegenstellen konnten. Nach einem von vielen Mißverständnissen begleiteten ›Verhandlungsmarathon‹ blieb nur die Kapitualtion. Die hannoverschen Truppen wurden schnellstmöglich entwaffnet und nach Hause geschickt. Georgs Selbstverständnis als ›König von Gottes Gnaden‹ machte eine Abdankung unmöglich, und so blieb nur der Gang ins Exil. In Wien, so die vage Hoffnung, könne man bei den allgemeinen Friedensverhandlungen die Dinge noch einmal grundlegend bessern.

Königin Marie und die Töchter blieben noch bis 1867 im Königreich, zunächst in Herrenhausen, dann auf der Marienburg, wo sie als *„bedeutender Agitationsherd"* (Schneider 1989, S. 269) unter ständiger preußischer Kontrolle standen, denn Marie empfindet ihre Rolle, die durch den Briefwechsel dieser Zeit gut belegt ist, als die der Hüterin des Königtums und des Landes sowie als moralische Stütze des Gatten. *„Oh, geliebter Mann, wie herrlich sprachen Alle, die ich sah, von Dir! Wie war der HErr Dir nahe! [...] Und mein Engels Mann steht größer noch da als sein Ahne Heinrich der Löwe! Und wird auch als Sieger zurück in sein theueres Land zu seinen gethreuen Unterthanen kehren!"* (Königin an König, Herrenhausen, 2. 7. 1866, zitiert nach Willis 1866, S. 30), so versucht sie ihn aufzumuntern. Doch die Hoffnung auf Rückkehr des Königs zerschlagen sich, und so müssen die königlichen Damen ebenfalls das Land verlassen.

Der Handlungsspielraum verengt sich immer mehr und es bleiben nur drei Möglichkeiten: 1. geistiger Austausch und ständiger Kontakt zu den welfentreuen Hannoveranern, die insbesondere bei den Feierlichkeiten zur Silberhochzeit im Jahr 1868 durch Besuche und Geschenke beweisen, daß sie ihr Herrscherpaar nicht vergessen haben, 2. die finanzielle Unterstützung der sog. ›Welfenlegion‹ als Versuch die Armee im Ausland zu restituieren, um eine Rückeroberung einzuleiten (Henkel 1994) und 3. das Totengedenken für die Gefallenen der ›letzten Schlacht‹, dies übrigens zunächst eine der Aufgaben der Königin. *„Die Gefallenenehrung gehörte zu den vornehmsten Pflichten des Königs als oberstem Kriegsherrn. Es ist dies die letzte Gegenleistung in einem idealiter auf Wechselseitigkeit angelegten Gefolgsschaftsverhältnis"* (Schneider 1989, S. 269).

Die Armee der Toten symbolisiert auf diese Weise die Hoffnung der Lebenden (Farbtafel 29,1; 29,2; 30,1; 30,2).

Literatur:

Diebitsch 1866
Diebitsch, Victor von: Die Königlich Hannoversche Armee auf ihrem letzten Waffengange im Juni 1866. Bremen 1866.

Freudenthal 1999
Freudenthal, Friedrich: Von Lüneburg bis Langensalza. Soltau 1999. Reprint der 2. ergänzten und vermehrten Auflage, Bremen 1895.

Henkel 1994
Henkel, Anne-Katrin: Die Hannoversche Legion (Welfenlegion) und Preußen. Ein Beitrag zur welfischen Exilpolitik in der Phase der Reichsgründung (1866-1871). In: Braunschweigische Heimat 80 (1994), S. 3-87.

Herzfeld 1981
Herzfeld, Hans (Hg.): Geschichte in Gestalten. Ein biographisches Lexikon. Band 2: F-K. Frankfurt am Main 1981.

Ostertag 1999
Ostertag, Heiger: Der Deutsche Krieg von 1866. In: Rainer Sabelleck (Hg.): Hannovers Übergang vom Königreich zur preußischen Provinz 1866. Hannover 1955 (= Schriftenreihe des Landschaftsverbandes Südniedersachsen 1), S. 31-57.

Schneider 1989
Schneider, Gerhard: Langensalza – ein hannoversches Trauma. Gefallenengedenken auf dem Schlachtfeld von 1866. In: Niedersächsisches Jahrbuch für Landesgeschichte 61 (1989), S. 265-323.

Schubert 1995
Schubert, Ernst: Die Schlacht bei Langensalza. In: Rainer Sabelleck (Hg.): Hannovers Übergang vom Königreich zur preußischen Provinz: 1866. Beiträge zu einer Tagung am 2. November 1991 in Göttingen. Hannover 1995 (= Schriftenreihe des Landschaftsverbandes Südniedersachsen 1), S. 101-123.

Sichart 1901
Sichart, A. und R. von: Der Feldzug Preußens gegen Hannover im Jahre 1866. Hannover und Leipzig 1901.

Willis 1866
Willis, Geoffrey (Bearb.): Hannovers Schicksalsjahr im Briefwechsel König Georgs V. mit der Königin Marie. Hildesheim 1866 (= Veröffentlichungen der Historischen Kommission für Niedersachsen XXV Niedersachsen und Preußen, Heft 7).

Ingrid Spitzbart

König Georg V. von Hannover und seine Famile im Gmundener Exil

Der erste Sommer in Gmunden

Im Jahre 1868 kommt König Georg V. von Hannover erstmals mit seiner Familie nach Gmunden und findet in der 1838 von einem Grafen Thun-Hohenstein auf der ›Tuschenschanze‹ erbauten Villa Thun für sich und seine Familie ein geeignetes Sommerdomizil mit allen notwendigen Nebengebäuden (Farbtafel 19,1).

Da die Königsfamilie von Hannover nach den politisch-kriegerischen Auseinandersetzungen mit Preußen, in Österreich eine neue Heimat gefunden hat und nun zeitweise in Wien, zeitweise in Gmunden lebt, wird die Villa Thun in den darauffolgenden Jahren ein beliebter Sommer-Aufenthaltsort von König Georg V. (1819-1878) und Königin Marie (1818-1907) von Hannover sowie deren Kindern und Schauplatz des hannoveranischen Hoflebens.

Die Königsfamilie empfindet von Anfang an eine enge Verbundenheit zu Gmunden und dessen Bevölkerung und schaltet sich mit zahlreichen Aktivitäten in das öffentliche Leben der Stadt ein. Bereits bei seinem ersten Aufenthalt im Jahre 1868 unterstützt König Georg von Hannover das hiesige Verschönerungs-Comité mit einem namhaften Geldgeschenk, für das eine Abordnung des Comités ihm Rahmen einer Audienz ihren Dank ausspricht und die Willkommensgrüße der Gmundner Bürger überbringt. König Georg teilt den Herren mit, daß er über das freundliche Entgegenkommen der hiesigen Bevölkerung sehr erfreut sei und sich in Gmunden sehr wohl fühle. Er habe daher auch seinen Aufenthalt verlängert und werde, sollten es die Umstände erlauben, auch im Sommer des kommenden Jahres wieder seinen Aufenthalt in Gmunden nehmen (GWBL 1868, S. 368). Am 15. August 1868 versammeln sich die Mitglieder des Gmundner Gesangvereins ›Frohsinn‹ um 8 Uhr Abends auf der Terrasse der Villa Thun um König Georg und seiner Familie eine Serenade darzubringen. Es kommen verschiedene Chorwerke zum Vortrag, die von der königlichen Familie mit viel Beifall aufgenommen werden. Im Anschluß daran wird der Gesangverein im Namen seiner Majestät zu einem fürstlichen Bankett im Hotel „Goldener Hirsch" geladen (GWBL 1868, S. 383). Am gleichen Abend findet in der Villa Thun ein großes Souper statt, zu dem die Königsfamilie von Hannover Seine königliche Hoheit Heinrich Graf Chambord und dessen Gattin Erzherzogin Maria Theresia, Ihre kaiserliche Hoheit die Großfürstin Alexandra Josephovna von Rußland, die Prinzen von Toscana und Parma und andere hohe Personen begrüßen kann (ebd.). Bevor König Georg V. mit seiner Familie am 31. Oktober die Stadt Gmunden verläßt, statten der Bürgermeister und einige Mitglieder der Gemeindevertretung dem König ihre Abschiedsvisite ab. Bei dieser Gelegenheit bedankt sich König Georg bei der Gemeindevertretung herzlichst für die freundliche Aufnahme in Gmunden und versichert, er freue sich in der kommenden Saison wieder in Gmunden zu sein (ebd., S. 52).

Die Bildung einer evangelischen Pfarrgemeinde in Gmunden

Ein besonderes Anliegen von König Georg V. von Hannover und seiner Familie war die Gründung einer eigenen evangelischen Gemeinde in Gmunden. Dieser läßt er vom Zeitpunkt ihrer Gründung im Jahre 1869 an (zuerst als Filiale von Rutzenmoos, ab 3. April 1870 als selbständige Pfarre) neben der moralischen auch eine spürbare finanzielle Unterstützung zur Errichtung eines eigenen protestantischen Gotteshauses in Gmunden angedeihen (Krackowitzer 1899, S. 218).

Während seines ersten Aufenthaltes in Gmunden im Jahre 1868 besucht der König mit seiner Familie sehr oft an den Sonntagen die protestantische Pfarrkirche in Rutzenmoos und beehrt auf dem Rückweg die romantisch gelegene ›Rabensteinmühle‹ mit seinem Besuch, wo er dann mit seiner Familie auch zu dinieren pflegt (GWBL 1868, S. 527).

Am 4. Jänner 1869 mietet die evangelische Gemeinde in Gmunden für die Dauer von vier Jahren ein Lokal im Kellereigebäude des ›Bräuers am See‹ in der Bahnhofstraße 20 an und richtet dort einen Betsaal ein; auch eine Orgel mit vier Registern wird angekauft. Am 29. März 1869, dem Ostermontag, übergibt der Senior des Oberländer Seniorenrates und Pfarrer der Muttergemeinde Rutzenmoos, Traugott Trautenberger den Saal seiner Bestimmung. König Georg V. von Hannover bereitet der evangelischen Gemeinde für diesen Festtag ein großzügiges Geschenk: Tags zuvor läßt er ein prachtvoll gearbeitetes Kruzifix und zwei Kandelaber, sowie einen Abendmahlskelch, Ciborium und Patene überbringen (Gedenkschrift 1872, S. 7-8; Krackowizer 1899, S. 218).

Nachdem die königliche Familie am 3. Juni 1869 wiederum zum Sommeraufenthalt in Gmunden eingetroffen ist, empfängt König Georg bereits am darauffolgenden Tag das mit der Leitung der jungen evangelischen Kirchengemeinde Gmundens betraute Comité und besucht mit seiner Familie am 6. Juni den sonntäglichen Gottesdienst in der neugegründeten evangelischen Filiale in Gmunden (GWBL 1869, S. 167).

Am 16. Mai 1870 erwirbt die evangelische Pfargemeinde Gmunden dann in der Vorstadt Traundorf (heute Georgstraße 9) ein Grundstück zum Bau einer Kirche und eines Pfarrhauses (Farbtafel 19,1). König Georg von Hannover spendet zum Kirchenbau 1200 Gulden sowie einen prachtvollen Altarschmuck aus Silber und gibt seine Zusage für die zu errichtende Kirche eine Orgel zu spenden, mit deren Ausführung der berühmte Orgelbaumeister Ludwig Moser in Salzburg betraut wird (Gedenkschrift 1872, S. 9-11; Krackowizer 1899, S. 218).

An der am 7. September 1871 stattfindenden feierlichen Grundsteinlegung zur evangelischen Kirche nehmen auch König Georg V. und seine Gemahlin Königin Marie sowie deren Kinder Kronprinz Ernst August und Prinzessin Mary samt Gefolge teil (Gedenkschrift 1872; GWBL 1871, S. 314). Am 2. November 1871 erfolgt bereits die Kreuzsteckung sowie die Weihe einer kleinen, oberhalb des Portales in einem Türmchen angebrachten Glocke und am 22. Juni 1872 wird die Einweihung der von Kronprinz Ernst August gespendeten drei Turmglocken vorgenommen (GWBL 1871, S. 314; Krackowizer 1899, S. 218-219; Gedenkschrift 1876).

Am Christtag des Jahres 1873 findet in der evangelischen Gemeinde die Verteilung von ›Christbaumgaben‹ (Kleider, Schuhe, Lebensmittel) an über 40 bedürftige Kinder der evangelischen Schule statt. Diese mit einem liturgischen Gottesdienst verbundene Feier wird um 3 Uhr Nachmittags im evangelischen Betsaal abgehalten und auch von König Georg V. und Königin Marie sowie Kronprinz Ernst August und den Prinzessinen Friederike und Mary samt Hofstaat durch ihre Teilnahme ausgezeichnet. Bei dem der Verteilung der Christbaumspenden vorausgehenden Gottesdienst, bei welchem auf das hohe Christfest sich beziehende Lieder gesungen werden, wirken auch die beiden Prinzessinnen mit, wobei Prinzessin Friederike die Solo-Partie ›Vom Himmel hoch da komm' ich her......‹, zum Vortrag bringt. Die königliche Familie trägt in ihrer bekannt großzügigen Weise wieder wesentlich zum Gelingen dieser mildtätigen Aktion bei (GWBL 1873, S. 343).

Die nach Plänen des Wiener Architekten Hermann Wehrenfennig aus rotem Ebenseer Kalkstein im ›gotischen‹ Stil errichtete evangelische Kirche (Farbtafel 20,1 u. 20,2) wird am 10. September 1876 im Beisein des Königshauses von Hannover sowie Vertretern der Behörden und zahlreichen Persönlichkeiten aus dem öffentlichen Leben eingeweiht. Die Gmundner Lokalzeitung berichtet folgendes über dieses Ereignis: *„Der 10. September, der lang ersehnte Tag der Kirchenweihe war endlich angebrochen. Um 9 Uhr verkündete das herrliche Glockengeläute den Beginn der Feier. Ihre Majestät die Königin Marie, sowie Ihre königlichen Hoheiten der Kronprinz Ernst August und Prinzessin Mary von Hannover mit zahlreichem Gefolge, sowie über 1000 Festteilnehmer hatten sich auf dem Festplatze eingefunden. Vor der Kirchentüre überreichte der Bauleiter Herr Samttosch Superintendent E.M. Ritter von Sääf den Schlüssel der neuen Kirche, der dieselben dem Ortspfarrer überreichte"* (Gedenkschrift 1876).

Danach begibt man sich zum festlichen Mittagsmahl ins Hotel Deininger (Hotel zum goldenen Schiff) wo ein längeres Schreiben von König Georg von Hannover, der zu diesem Zeitpunkt wegen seiner angegriffenen Gesundheit zur Kur in Frankreich weilt, zur Verlesung kommt, in dem dieser sich für die Einladung zur Einweihung der Kirche bedankt. Von den zahlreich eingetroffenen Telegrammen nimmt man mit besonderer Freude diejenigen von König Georg von Hannover und Prinzessin Friederike zur Kenntnis (GWBL 1876, S. 242).

Die weiteren Sommeraufenthalte der königlichen Familie in Gmunden

Am 26. Juli 1869 berichtet die Gmundner Lokalzeitung voller Freude über eine freundliche Geste des Königs von Hannover, die dessen Verbundenheit mit der Bevölkerung Gmundens zum Ausdruck bringt: *„Seine Majestät der König Georg V. von Hannover haben über die ehrfurchtsvolle Bitte des Besitzers der bestens renommierten und seither nach ihm benannten Restauration unterm Traunstein, A. Steininger, zu gestatten geruht, daß selbe von nun sich: ‚Zum König von*

Hannover' benenne, und gleichzeitig das huldvolle Versprechen abzugeben, bei der Taufe des neuen Hauses selbst gegenwärtig sein zu wollen. In diesem an sich einfachen Akte königlichen Wohlwollens erblickt gleichwohl die gesamte hiesige Bevölkerung einen neuen und wertvollen Beweis der allerhöchsten Teilnahme für ihr Leben und Streben, und ist deßhalb freudigst bewegt. Der erhabene Name, der fortan das neu in's Leben gerufene Unternehmen an der Spitze tragen wird, ist wohl die beste Mitgabe für selbes, und wird das Andenken an die Anwesenheit des königlichen Hauses von Hannover in der Gegend noch zu einer Zeit erhalten, wo in Folge des durch das Walten der göttlichen Gerechtigkeit bedingten Umschwunges der Dinge unsere Heimat längst nicht mehr so glücklich sein wird, an der herzgewinnenden Leutseligkeit und großartigen Wohltätigkeit „der Hannoveraner" sich erfreuen zu dürfen" (GWBL 1869, S. 222).

Als König Georg V. ein Jahr später, am 11. Mai 1870, in Begleitung von Kronprinz Ernst August mit dem gewöhnlichen Frühzug in Gmunden eintrifft, wird er am Bahnhof, der zu Ehren der hohen Ankömmlinge mit Blumen und Flaggen geschmückt ist, von einem zahlreich erschienenen Publikum auf das ehrenvollste begrüßt. Der König begibt sich sofort mit dem Wagen zur Villa Thun; ein Teil des Weges dahin, die Abzweigung der Straße von der Villa Schmidegg weg bis zur Einfahrt in den Park der Villa Thun, sind zu beiden Seiten mit Tannen besetzt, die in ihren Wipfeln Fähnchen in den Farben der Königin und des Landes Hannover tragen. Auf der großen Terrasse vor dem Königlichen Sommersitz ist eine große Anzahl Gmundner Bürger versammelt, um Seiner Majestät und dem Kronprinzen eine kleine Ovation zu bereiten und auch die städtische Musikkapelle hat sich zum Empfang der hohen Herrschaften eingefunden. Als nun der Wagen des Königs unter dem Donner der Pöllersalven die Höhe der Terrasse erreicht und anhält, erklingt die hannoveranische Volkshymne und anschließend überbringt J. Hausherr den freudigen Willkommensgruß der Gmundner Bevölkerung. König Georg und Kronprinz Ernst August zeigen sich über diesen allen offiziellen Gepränges baren, dafür um so herzlicheren Empfanges sehr erfreut und verlassen sofort den Wagen, um am Arme der Königin die Anwesenden Mann für Mann freundlich dankend zu grüßen und zu erklären, daß sie wünschten, recht lange in Gmunden bleiben zu können. Nachdem sich die hohen Herrschaften unter Hochrufen der Anwesenden in die Gemächer zurückgezogen haben, läßt König Georg Kapellmeister J. Stag zu sich rufen und spricht ihm die vollste Anerkennung über die schönen Erfolge der von ihm herangebildeten Knabenkapelle aus, die zu seinem Empfang aufgespielt hatte. Am 14. Mai 1870 bringt auch der Gmundner Gesangverein König Georg V. und seiner Familie eine Serenade zur Darbietung, die nicht nur den König sondern auch Königin Marie, Kronprinz Ernst August sowie die königlichen Prinzessinen Mary und Friederike aufs höchste erfreut. Der König begrüßt nach der Darbietung die einzelnen Sänger mit gewohnter Freundlichkeit und gibt ihnen das ermutigend Zeugnis, daß der Gesangverein seit Jahresfrist wieder bedeutende Fortschritte gemacht habe (GWBL 1870, S. 163).

Auch den Sommer des nächsten Jahres verbringt die königliche Familie in Gmunden. Am 1. Mai 1871 trifft König Georg V. in Begleitung von Königin Marie und Prinzessin Mary samt Gefolge mit einem Sonderzug in Gmunden ein und wird am festlich geschmückten Bahnhof mit Pöllersalven begrüßt. Als die königliche Familie mit dem Wagen bei der Villa Thun eintrifft wird sie dort von einer Abordnung Gmundner Bürger, bestehend aus Gewerbetreibenden, welche bisher die Ehre hatten, das königliche Haus bedienen zu dürfen, feierlich empfangen. Diese überreichen dem König ein geschmackvoll gearbeitetes Album mit ihren Fotoporträts als ›Andenken an Gmunden‹ welches König Georg V. huldvoll entgegennimmt (GWBL 1871, S. 139). Die Königsfamilie bleibt in diesem Jahr bis über Weihnachten und Neujahr und reist erst am 27. Jänner 1872, nach fast neunmonatigem Aufenthalt, mit dem Hofzug nach Wien ab (GWBL 1872, S. 35). Bei ihrer Rückkehr nach Gmunden, am 1. Mai 1872, werden das Königspaar und die beiden Prinzessinnen am Gmundner Bahnhof von Vertretern und Angehörigen der evangelischen Gemeinde, den Honoratioren des Ortes, und einer großen Volksmenge freudigst begrüßt. Entlang des Weges, den die hohen Herrschaften zu ihrer Sommervilla zurücklegen müssen, sind die Häuser mit Flaggen geschmückt. Vor dem Landhaus des Gärtners Mayr bietet trotz aller Einfachheit eine äußerst geschmackvolle Ehrenpforte den hohen Gästen einen freudigen Willkommensgruß, während ein zweiter, am Ausgangspunkt der durch den Park der Villa führenden Straße angebrachter und von zahlreichen Fahnen beschatteter Triumphbogen der Freude über die Ankunft der königlichen Familie Ausdruck verleiht. Am Fuße desselben hatten sich die zahlreichen Arbeiter aufgestellt, welche bei den in letzter Zeit vorgenommenen Straßen- und anderen Bauarbeiten beschäftigt gewesen waren, um sich dafür erkenntlich und dankbar zu zeigen. Kaum wird die königliche Familie derselben ansichtig, als sie auch schon den Wagen verläßt, um die Leute mit einer freundlichen Ansprache zu erfreuen; den weiteren Weg zur Sommervilla legt die königliche Familie dann zu Fuß zurück und wird, dort angelangt, von einer Anzahl Gmundner Bürger und Geschäftsleute auf das herzlichste begrüßt. Zahlreiche Pöllerschüsse verkünden schließlich der Umgebung das erfreulich Ereignis der Ankunft des ›Gmundner Hofes‹ (GWBL 1872, S. 147).

Am 27. Mai 1873 feiert König Georg V. von Hannover in Gmunden seinen 54. Geburtstag, an dessen Vorabend ihm der Gmundner Männergesangverein ein Ständchen darbringt. Am Festtag selbst findet in der Dependance des Hotel Schiff im Kammerhofgebäude (heute Stadtmuseum) das königliche Festmahl mit 74 Gedekken statt, wozu sämtliche hier anwesenden höchste Herrschaften geladen sind (GWBL 1873, S. 148).

1874 muß sich König Georg aufgrund einer schweren Erkrankung einer Operation unterziehen, die vom Wiener Chirurgen Dr. Mosetig von Moorhof in der königlichen Villa in Gmunden durchgeführt wird (Rosendahl 1928, S. 120-123). Das Gmundner Wochenblatt berichtet über die Genesungsfortschritte des Königs: „*Die von den hiesigen Bewohnern mit herzlicher Freude aufgenommene Nach-*

richt, daß ihr hoher Gast, Se. Majestät der König von Hannover, welcher seit längerer Zeit leidend war, nun einer baldigen vollständigen Genesung entgegengeht, äußerste sich in gesteigerten Maße, als Allerhöchstderselbe am 17. Juli die erste und am 20. Juli begleitet von Ihrer Majestät der Königin, eine zweite Spazierfahrt machten" (GWBL 1874, S. 196). Anschließend begab sich der König zum Kuraufenthalt nach Biarritz und nahm später wegen des dortigen milden Winters und der Nähe der Heilquellen von Barreges seinen Aufenthalt in Paris. Die Gmundner Bevölkerung nimmt regen Anteil am Befinden König Georgs und im Gmundner Wochenblatt Nr. 47 vom 24. November 1874 findet sich auf der Titelseite folgender Artikel:

„Die freudigen Nachrichten über die fortschreitende Genesung Sr. Majestät des Königs von Hannover haben die Gemeinde-Vertretung veranlaßt, eine Beglückwünschungs-Adresse im Namen der gesamten Bevölkerung Gmundens an die königliche Familie zu richten. Hierüber gelangte an die Gemeinde-Vorstehung im Allerhöchsten Auftrage nachstehendes Schreiben de dato Paris 17. November 1874: Wohlgeborener, hochgeehrtester Herr Bürgermeister! Seine Majestät der König mein allergnädigster Herr, haben das geehrte Schreiben der gesamten löblichen Gemeinde-Vertretung Gmundens vom 2. November mit wahrem Vergnügen entgegengenommen. Die darin ausgesprochenen Gesinnungen der innigen Teilnahme an dem Befinden Seiner Majestät und der königlichen Familie haben Seine Majestät tief gerührt, und bezeigen Seine Majestät Ihnen und Allen, welch sich so liebevoll dabei beteiligt, dafür den warm gefühltesten Dank von ganzer Seele. Seine Majestät können die Freundlichkeit, mit welcher die teuren Bewohner der Stadt Gmunden Allerhöchsdemselben und der königlichen Familie bei dem Aufenthalte daselbst stets entgegenkommen, nicht erkenntlich genug rühmen, und hoffen und wünschen, daß es Allerhöchstdemselben vom Himmel vergönnt seine werde, recht bald bei Ihnen in ihrer reizenden Gegend und ihrer dortigen reinen Gebirgsluft wieder weilen zu könne. Indem ich Sie bitte, diese Danksagung Seiner Majestät allen geehrten Mittunterzeichneten des Schreibens gefälligst zur Kenntnis bringen zu wollen, verharre ich Euer Wohlgeboren ganz gehorsamster Dr. Lex, Geheimrat, Paris, den 17. November 1874" (GWBL 1874, S. 1). Im Frühjahr 1877 gestatten die Ärzte König Georg einen mehrwöchentlichen Aufenthalt in Gmunden. Mit Freuden willigt der König ein, seinen Geburtstag an lieb gewordener Stätte im Kreise seiner Familie und zahlreicher Hannoveraner zu verleben, die auf die Nachricht hin, daß ihr König dort weilen werde, eine Reise an den Traunsee planten. Der König selbst hat bis zu seinem Ende diesen Aufenthalt in Gmunden, der sein letzter auf diesem herrlichen Fleckchen sein sollte, die ›goldene Zeit‹ genannt (Rosendahl 1928, 120-123). Am 24. Mai 1877 bricht für die Bewohner Gmundens ein schon lange mit Freude erwarteter Tag an: König Georg von Hannover kehrte in Begleitung seiner Tochter Prinzessin Friederike nach dreijähriger Abwesenheit nach Gmunden zurück. Schon am frühen Morgen dieses

Tages werden alle Vorbereitungen zu einem festlichen Empfang getroffen. Die Vorstadt Traundorf, durch die der König auf seinem Weg zum Sommersitz fahren wird, prangt im Flaggenschmuck und an der Straße, entlang des Gehsteiges vom Seebahnhof bis zur Villa Thun, sind mit Fahnen gezierte Laubbögen errichtet worden, bei der Einfahrt zur Villa prangt an dem prächtig geschmückten Eingangstor die Inschrift: *„Grüß Gott, tritt ein, bring Glück herein!"* Zum Empfang des Königs versammelt sich eine große Menschenmenge aller Stände auf dem See- bahnhof, wo König Georg V., Kronprinz Ernst August und Prinzessin Friederike um 12. 30 Uhr mit einem Extrazug eintreffen. Am Bahnsteig wird König Georg von seiner Gemahlin Königin Marie, seiner Tochter Prinzessin Mary sowie dem königlichen Hofstaat und zahlreichen Honoratioren empfangen. Während der Fahrt zur Villa werden die hohen Herrschaften von den harmonischen Glockenstimmen der im Fahnenschmuck prangenden evangelischen Pfarrkirche begrüßt. Bei der Auffahrt zur Villa hat der Militär-Veteranenverein Aufstellung genommen und spielt beim Herannahen der königlichen Familie die hannoveranische Volkshymne. Auf dem Vorplatz der Villa angekommen, auf deren Giebel die königliche Fahne weht, werden der König und seine Familie von Bürgern der Stadt Gmunden, die ein Doppelspalier bildeten, empfangen und vom Hotelbesitzer Laufhuber mit einer kurzen, herzlichen Ansprache begrüßt. Die königliche Erwiderung gipfelt in den für die Bewohner Gmundens höchst ehrenden Worten: *„daß es Ihn unendlich freue, bei allen Gelegenheiten von Gmundens Bewohnern und besonders während seiner dreijährigen Abwesenheit, so viele Beweise von Teilnahme für sich und auch die Prinzessin Friederike erhalten zu haben. Er werde das nie vergessen und Seine Hand nie von dem Orte abziehen, der Ihm fast zur zweiten Heimat geworden"* (GWBL 1877, S. 166).

Am Sonntag dem 27. Mai 1877 feiert König Georg sein 58. Geburtsfest in Gmun- den und hält im Kammerhofgebäude (eine Dependance des Hotel Schiff, heute Stadtmuseum) die Hoftafel ab, an der außer der königlichen Familie sämtliche hier weilenden oder extra zu diesem Anlaß angereisten Herrschaften teilnehmen, wäh- rend der Garten in brillanter Illumination mit Transparent und bunten Ballons er- glänzt. Auch am Montag, dem 28. Mai dauern die Festlichkeiten an und es wird abermals eine Hoftafel sowie eine Hofball abgehalten (GWBL 1877, S. 166).

Bald darauf geht es mit der Gesundheit des Monarchen bergab. Im Februar 1878 muß er sich abermals einer schmerzhaften Operation unterziehen (Rosendahl, S. 120-123). Am 21. Juni 1878 stirbt König Georg V. von Hannover in Paris und wird in Windsor beigesetzt. Sein Sohn, Kronprinz Ernst August, tritt als Herzog von Cumberland seine Nachfolge an.

Da König Georg V. von Hannover für die vielfältigen Sozial- und Kommunalan- liegen der Stadt Gmunden stets großes Verständnis zeigte und auch dazu namhafte finanzielle Beiträge leistete, will die Stadt Gmunden ihre Dankbarkeit und Verbun- denheit mit dem verstorbenen Gönner und dessen Familie durch eine offizielle Geste des Gedenkens beweisen. Daher stellt Bürgermeister Schleiß in der Gemeinde-Ausschußsitzung vom 9. Juli 1879 den Antrag, die in Traundorf vom Klosterplatz an der evangelischen Kirche vorbei über den Weinberg zur Villa der Königin von Hannover führende Straße zum Gedenken an König Georg V. von Hannover ›Georgstraße‹ zu nennen; dieser Antrag wird einstimmig angenommen (GWBL 1879, S. 236).

Die ›Königinvilla‹ - der Witwensitz von Königin Marie in Gmunden

Königin Marie von Hannover wählt nach dem Tod König Georg V. die Villa Thun in Gmunden als ihren Witwensitz, seither wird diese ›Villa Königin von Hannover‹ oder einfach ›Königinvilla‹ genannt. Sie befindet sich noch heute im Privatbesitz des Hauses Hannover. Dort verbringt Königin Marie, umsorgt von ihrer Tochter Prinzessin Mary, mit der sie unter anderem die Liebe zur Musik verbindet, noch zahlreiche schöne Jahre im Kreise ihrer stets wachsenden Familie. 1885 lernt Prinzessin Mary im Hause von Gräfin Prokesch-Osten den Pianisten und Komponisten Emil Heß kennen und ist von seinen Darbietungen so begeistert, daß sie gleich nach den ersten Stücken sagt: ›Sie müssen der Königin vorspielen‹ und ihn gleich für den darauffolgenden Abend in die Königinvilla einlädt (Hess 1962, S. 87). Emil Heß schildert in seinen Lebenserinnerungen seine erste Begegnung mit der hannoveranischen Prinzessin: *„Prinzessin Mary ist sehr groß und hat schöne Gesichtszüge, ich kann verstehen daß man von ihr und ihrer Schwester in Wien als von den ,schönen Prinzessinen von Hannover' spricht. Hellblond, mit schon grauem Schimmer im Haar, so lernte ich sie kennen. Sie hatte etwas unendlich Liebenswürdiges, Freundliches und so Gewinnendes, daß man sich gleich zu ihr hingezogen fühlte* (ebd. S. 87). Über die einen Tag später stattfindende erste Begegnung mit Königin Marie von Hannover berichtet Emil Heß:
„Und so kam der Abend, an dem ich zum erstenmal die alte Königin von Hannover sah und durch Hofmarschall von Klenck ihr vorgestellt wurde. Eine in ihrem schneeweißen Haar und in ihrer Witwentracht (seit dem Tode ,ihres Königs' trug sie immer Schwarz), so ehrwürdig aussehende alte Frau mit einem lieben guten Gesicht, machte sie mir einen tiefen Eindruck, da ich ja wußte, was sie so Schweres in ihrem Leben mitgemacht hatte und mit welcher Ergebung sie alles trug. Sie begrüßte mich mit ihrer tiefen Stimme und mit ihrer hannoverisch-sächsischen Aussprache so lieb, und schon nach kurzer Konversation, während welcher der Tee serviert wurde, fühlte ich mich gar nicht beengt in der königlichen Atmosphäre trotz der mich scharf beobachtenden Hofdamen.
Wie der Tee zu Ende war, lud mich Prinzessin Mary ein, ihr ins Musikzimmer zu folgen. Auf meine Frage, was die Köngliche Hoheit befehle, hieß es, was immer ich spielen wolle, man sei für alles dankbar. Ich begann mit Bach und spielte dann Mozart und Schubert. Inzwischen füllte sich das Zimmer mit der übrigen Gesellschaft, und auch die Stimme der Königin vernahm ich, die, ähnlich ihrer Tochter, das Wort ,wundervoll' aussprach. Als ich, für den Beifall

74

Abb. 1: Die nach dem Tode Georgs V. 1879 entstandene Postkarte zeigt ein Brustbild der Königin, die Königinvilla in Gmunden und das Schloß Marienburg ›in Hannover‹. Das ›Gruss aus‹ läßt offen, von wo die Karte abgeschickt werden soll. Ein hannoverscher ›PR-Zug‹? (Stadtmuseum Gmunden)

dankend, meinte, es sei wohl wundervoll, was ein Bach und alle die anderen Großen unserer Kunst uns hinterlassen haben, sagte Prinzessin Mary: ‚Ihr Spiel ist aber auch wundervoll, und man erkennt das Klavier gar nicht wieder, wie es unter Ihren Händen klingt.‘ Und die Königin fügte hinzu: „Ja, das ist wahr, und dann sitzen Sie so ruhig dabei und machen keine solchen Bewegungen, wie es so viele Künstler tun‘, und dabei fuhr sie in der Luft herum mit ihren Armen und lachte dabei herzlich auf, daß wir alle mitlachen mußten. Es fiel das Wort: ‚Majestät haben so viel Musik und beste Musik gehört im Leben.‘ Da sagte die Königin zu mir: ‚Ach ja, was für herrliche Musik habe ich mit meinem König in Hannover genossen! Unsere Oper und unsere Konzerte waren weit und breit bekannt.‘ Und sie nannte sie alle die berühmten Künstler und Künstlerinnen, die den Ruhm Hannovers in alle Welt trugen; und mitten in dem ganz ernsthaften Erzählen fielen ihr allerhand Erlebnisse mit einzelnen Künstlern ein, die gewisse menschliche Schwächen hatten, welche die Königin mit soviel Humor wiedergab, daß man aus dem Lachen nicht herauskam. Und so gewann ich gleich an dem ersten Abend den Eindruck, daß die Königin keine steife Majestät, sondern ein mit goldenem Humor begnadetes Menschenkind sei, und daß man nicht zu viel erzählt hatte von dem ‚ganz eigenen Zauber‘, den die Königin in ihrem Wesen habe” (ebd., S. 89-91).

Königin Marie empfängt in ihrer Gmundner Villa während der Sommermonate zahlreiche Gäste aus den höchsten Adelskreisen und auch Kaiser Franz Joseph I. stattet ihr dort mindestens einmal jährlich einen Besuch ab. Weitere berühmte Gäste der Königin waren u.a. Slatin Pascha, der in Traunkirchen eine eigene Villa besaß und Königin Christine von Spanien, die während ihrer Jugend die Sommermonate in der Gmundner Villa ihrer Mutter, der Erzherzogin Elisabeth, in Ort verbrachte. Der Pianist und spätere königlich-hannoveranische Kammermusiker Emil Heß beschreibt in seinen Lebenserinnerungen die Räume der Königinvilla in Gmunden: „*Die Räume der Königin in der ehemaligen Villa Redtenbacher (=Villa Thun) waren für eine Königin, die gewohnt gewesen, in Hannover Prunk- und Prachträume von größten Dimensionen zu bewohnen, wohl das Bescheidenste, was man sich denken konnte. Als der König diese Villa seinerzeit für seinen Sommeraufenthalt gemietet hatte, trug er sich immer noch mit der Hoffnung, nicht in Österreich bleiben zu müssen, und es genügte also für einen provisorischen Aufenthalt das mehr als bescheidene Domizil. Einmal gewöhnt an die Räume, blieb die Königin, schon aus pietätvollem Erinnern an den verstorbenen Gemahl, auch weiter in ihnen, und ihre große Anspruchslosigkeit fühlte sich sogar ganz gemütlich in dem Hause. Im Salon zu ebener Erde stand der große runde Tisch, an welchem die Königin in ihrem Fauteuil zu sitzen pflegte. An diesem Tisch wurde auch immer der Tee serviert, und wie oft und oft saß ich auch da, der Königin gegenüber, ihr erzählend oder von ihr Geschichten anhörend, meist lustige im sächsischen Dialekt ihrer Altenburger Heimat. Die Wände dieses Salons hingen voll mit Bildern; und sonst war das ganze Zimmer vollgestopft mit Porzellanfigürchen auf Etagèren und in kleinen Glaskästen, in welchen auch kostbare Tabatièren, Uhren, Medaillons mit Miniaturmalereien zu sehen waren. Diese Porzellanfigürchen, wertvolle und wertlose, waren eine Leidenschaft der Königin*" (ebd., S. 89-91).
„*Der berühmte Geiger Joseph Joachim ist fast jeden Sommer zu Gast bei Königin Marie von Hannover in deren Gmundner Villa und auch dessen Freund, der Komponist Johannes Brahms, der oft in Ischl zur Sommerfrische weilt, wird von Königin Marie eingeladen, zu ihr in die Königinvilla nach Gmunden zu kommen, um mit dem Freund zu musizieren. Als Brahms wieder einmal mit Joachim bei Königin Marie musiziert, bemerkt Emil Heß, daß Brahms während einer Pause zwischen den Musikstücken Prinzessin Mary die Hand küßt und sich Tränen aus den Augen wischt. Heß ist ganz verwundert und berichtet in seinen Lebenserinnerungen: „Brahms und Tränen? Die Prinzessin sagte mir am nächsten Tag, sie hätte unter anderen Dingen Brahms auch gesagt: ‚Wie muß Ihnen alle Welt danken für Ihr ‚Deutsches Requiem', das herrlichste Werk seit Beethoven!' Da habe er ihre Hände ergriffen und fest gedrückt, und sogar Tränen standen ihm im Auge ....*" (ebd., S. 144).
Am 6. Jänner 1907 erkrankt Königin Marie schwer und muß sich einer plötzlichen Operation unterziehen, von deren Folgen sie sich aber leider nicht mehr erholt.

Emil Heß war vom plötzlichen Tod seiner Gönnerin tief betroffen: „*Am 9. Jänner entschlief unsere teure, heissgeliebte Königin im neunundachtzigsten Jahre ihres Lebens, und es war uns, als ob mit ihr jene Sonne für immer versunken sei, die sie nicht nur dem königlichen Hause, sondern uns allen war: immer nur Licht spendend, wärmste Liebe gebend, Freude und Wohltaten ausstreuend für sich selbst so genügsam anspruchslos. Ich kann dem Schicksal nicht genug dafür danken, daß es mir beschieden war, diese einzige seltene Frau so lange gekannt zu haben*" (ebd., S. 158-159).

Zur Beisetzung der Königin am 19. Jänner 1907 erscheint Kaiser Franz Joseph I. persönlich in Gmunden und die ›Salzkammergut-Zeitung‹ berichtet darüber in einer Sonderausgabe: „*Se. Majestät der Kaiser begibt sich sogleich nach seiner Ankunft am Samstag den 19. Jänner um 11 Uhr 10 Minuten vom Rudolfsbahnhofe direkt nach dem herzoglichen Schlosse zur Kondolenz und von dort mit dem Herzog von Cumberland zur Trauerfeier in die evangelische Kirche. Die Erzherzoge und Erzherzoginnen, die um 11 Uhr 40 Minuten vormittags hier eintreffen, werden sich vom Bahnhofe direkt in die Kirche verfügen. Bemerkt sei noch, daß seine Majestät der Kaiser der herzoglich Cumberlandischen Familie für die Trauerfeierlichkeit 14 bespannte Hofwägen zur Verfügung stellte, welche Freitag den 18. Jänner hier eintrafen und im Schloß Ort untergebracht wurden. Se. Majestät der Kaiser fährt sofort nach der Trauerfeier in der evangelischen Kirche zum Bahnhof zurück, um im Hofseparatzuge in Begleitung der zur Trauerfeier erschienen Mitglieder des Allerhöchsten Kaiserhauses, der Erzherzoge und Erzherzoginnen, die Rückreise nach Wien anzutreten. Das Diner wird während der Fahrt im Speisesalon des Hofzuges eingenommen*" (Salzkammergutzeitung, Sonderausgabe, 19. Jänner 1907, S.4).

Herzog Ernst August und Herzogin Thyra von Cumberland mit ihrer Familie

Der Sohn von König Georg V. und Königin Marie, Herzog Ernst August von Cumberland (1845-1923), vermählt sich am 21. Dezember 1878 mit der dänischen Prinzessin Thyra (1853-1933). Das junge Paar wohnt ab 27. Mai 1879 in der Villa Klusemann in Gmunden, Linzerstraße 34/Mühlwangstraße 13, die der Herzog für seine Familie angemietet hat. Hier werden auch fünf der insgesamt sechs Kinder des herzoglichen Paares geboren: Maria Luise (1879), Georg Wilhelm (1880), Alexandra (1882), Olga (1884) und Christian (1885).

Am 22. Februar 1882 erwirbt Herzog Ernst August von Cumberland Herzog zu Braunschweig und Lüneburg einen großen Grundkomplex in nächster Nähe der ›Königinvilla‹ und am 15. Juni 1882 wird mit dem Bau von ›Schloß Cumberland‹ begonnen. Das in den Jahren 1882-1886 nach Plänen von Architekt F. Schorbach aus Hannover im ›gotischen‹ Stil erbaute Schloß Cumberland, liegt östlich von Gmunden auf einem langgestreckten Bergrücken, 80 m über dem davorliegenden Krottensee. Am 15. September 1886 bezieht Herzog Ernst August von Cumberland mit seiner Familie das von einem weitläufigen Park umgebene Schloß Cumberland. Die Zufahrtsstraße umschließt einen Teil des Gartens, in dessen Mitte ein großer Springbrunnen angelegt ist.

Dieses nun vergrößerte Hofhaltung von Herzog Ernst August und Herzogin Thyra, führt zu einer Zuwanderung königstreuer Hannoveraner Familien, die sich nun in den Dienst von Herzog Ernst August und seiner Familie begeben. Das rege Hofleben wirkt sich auch für das Wirtschaftsleben der Stadt Gmunden äußerst positiv aus, da die königliche Familie einen Großteil ihres Bedarfes in Gmunden deckt. Bald gibt es verschiedene ›Hoflieferanten‹ vom Bäcker, Konditor und Delikatessenhändler bis zum Galanteriewarenhändler und Goldschmied, die mit ihren Erzeugnissen und Handelswaren die königlich hannoveranische Familie und deren Hofhaltung beliefern. Auch zahlreiche Privatpersonen finden im herzoglichen Dienst eine sichere und einträgliche Beschäftigung und auch die ortsansässigen Handwerker und Gewerbetreibenden werden von der Hofhaltung bei Bedarf herangezogen.

Um sein zahlreiches Gefolge gut unterzubringen mietete und kauft Herzog Ernst August auch zahlreiche Villen im Umkreis von Schloß Cumberland. So gehen am 4. Februar 1901 die Villa Klusemann und das Schloß Mühlwang durch Kauf in den Besitz des Herzog von Cumberland über. Am 17. Juni 1913 melde das Gmundner Wochenblatt, *„daß der ehemalige Freisitz Weinberg in den Besitz des Herzogs von Cumberland übergegangen ist und als Wohnsitz für die Herren seines Gefolges dienen wird"*.

Schloß Cumberland wird in der Folgezeit Schauplatz zahlreicher großer Familienfeste, so vermählte sich hier in der Evangelischen Kirche am 10. Juli 1900 Prinzessin Marie Luise, eine Tochter des Herzogspaares, mit Prinz Maximilian von Baden und sogar Kaiser Franz Joseph kommt von seiner Ischler Sommerresidenz zu diesem Fest angereist. Am 21. Dezember 1903, der Silbernen Hochzeit des Herzogspaares, findet in Schloß Cumberland die Verlobung von Prinzessin Alexandra, der zweiten Tochter des Herzogspaares, mit dem regierenden Großherzog Friedrich Franz IV. von Mecklenburg-Schwerin statt. Die für den 7. Juni 1904 angesetzte Hochzeitsfeier wird jedoch durch den am 4. Juni erfolgten Tod von Prinzessin Mary überschattet, kann aber wegen der bereits eingetroffenen Hochzeitsgäste und der eingeleiteten umfangreichen Vorbereitungsarbeiten nicht mehr verschoben werden und so findet am 7. Juni dann doch die Eheschließung in der Evangelischen Kirche in Gmunden statt. Zu diesen Festlichkeiten erscheinen zahlreiche Mitglieder des europäischen Hochadels in Gmunden, da die königlich-hannoveranische Familie u.a. mit den Herrscherhäusern von England, Rußland und Dänemark verwandt ist.

Ein besonders denkwürdiger Markstein in der Familiengeschichte des Hauses Hannover ist der 9. März 1913, als der junge Prinz Ernst August (Sohn von Herzog Ernst August und Herzogin Thyra von Cumberland, ein Enkel von Königin Marie) seine Braut, die deutsche Kaisertochter Viktoria Luise, zum ersten Mal in Gmunden seiner Familie vorstellte. Damit wird, zumindest auf familiärer Basis, die Auseinandersetzung zwischen Hannover und Preußen beendet und die Vermählung findet am 24. Mai 1913 in Berlin statt. Im Jahre 1919 ziehen Herzogin Viktoria Luise (1892-1980) und ihr Gemahl Herzog Ernst August (1887-1953) in die umgebaute Villa Weinberg ein, wenige Tage nach dem Einzug wird dort ihr Sohn Christian geboren. 1923 erblickt dort auch der jüngste Sohn des Herzogspaares, Welf Heinrich, das Licht der Welt. Noch im selben Jahr, am 11. November 1923, erleidet der Vater von Herzog Ernst August jun. einen Schlaganfall und stirbt wenige Tage darauf, am 14. November 1923, an dessen Folgen. Emil Heß schildert uns dieses traurige Ereignis: *„Mit unserem lieben, guten Herzog geht die alte Zeit dahin, die er mit seiner Rücksichtnahme, seiner Milde, Herzensgüte, vornehmen Denkungsart und unendlichen Bescheidenheit verkörperte. Obwohl der hohe Herr Hannoveraner war, haben die mehr als fünfzig Jahre seines Hierseins seinem Wesen manchen österreichischen Zug schon darum gegeben, weil er ja mit dem Wiener Hofe so eng verbunden war, und der alte Kaiser eine Persönlichkeit war, zu der sich sein Herz ebenso hingezogen fühlte wie zu dem ganzen militärischen der österreichischen Armee, deren oberster Kriegsherr der Kaiser war. Die Erzherzöge waren die besten Freunde unseres Herzogs, die österreichische Aristokratie kannte er von Jugend an, die Bevölkerung liebte ihn, kein Wunder, daß er sich in Österreich wohl fühlte und zufrieden hier lebte. In einem Erlaß dankte sein Sohn, der Herzog von Braunschweig allen Dienern für die seinem Vater so oft bewiesene Treue und Anhänglichkeit und stellte es jedem frei, bei vollen Bezügen in den Ruhestand zu treten oder weiter im Dienst zu bleiben. Wir wissen, daß das Opfer kein kleines ist, denn der frühere große Reichtum des alten Herrn ist durch die Vermögensabgabe und die Geldentwertung der Inflationszeit erheblich zusammengeschmolzen. Durch diesen Erlaß ist denn eine große Sorge von uns allen genommen, und wir können unserem neuen Herrn nicht genug danken für seine Großmut, die uns das schönste Zeugnis seines edlen, guten Herzens gibt. Nicht jeder Sohn würde gegenüber den alten Dienern seines Vaters so handeln"* (Hess 1962, S. 182-183).

Ausklang

1930 wird Schloß Cumberland in ein welfisches Haus- und Familienmuseum umgewandelt, 1938 bauen es die Nationalsozialisten zu einer ›Gauschulungsburg‹ aus. In den Jahren 1940-1945 dient das Schloß als Kriegslazarett. Nach dem Zweiten Weltkrieg geht Schloß Cumberland in den Besitz der einzigen Tochter des Herzogspaares, Königin Friederike von Griechenland (1917-1981) über, die sich oft in der Traunseestadt aufhält. In den Jahren 1945-1947 richtet die Landessanitätsbehörde in Schloß Cumberland eine Tbc-Staion ein und von 1947-1972 ist in Schloß Cumberland ein Tbc-Krankenhaus mit Öffentlichkeitsrecht untergebracht. Nachdem die gesamte Liegenschaft Schloß Cumberland am 1. Jänner 1979 durch Kauf in den Besitz des Landes Oberösterreich übergeht, richtet man dort ab 1979 eine Landespflegeanstalt ein.

Herzogin Viktoria Luise hält ihrem geliebten Gmunden bis zu ihrem letzten Lebensjahr die Treue und bezieht 20 Jahre hindurch alljährlich während der Sommermonate ihr Zimmer bei Frau Dr. Brunner an der Schiffslände. Von hier aus unternimmt sie mit ihren Bergkameraden bis ins hohe Alter zahlreiche schöne Bergtouren und genießt das Schwimmen im kühlen Wasser des Traunsees. Als Herzogin Viktoria Luise am 11. Dezember 1980 stirbt, verliert Gmunden einen treuen, bis zuletzt an den Geschehnissen in Gmunden regen Anteil nehmenden Sommergast.

Literatur:

Gedenkschrift 1872

Gedenkschrift: Die Grundsteinlegung der neuen evangelischen Kirche zu Gmunden am Traunsee. Zum Besten des Baues herausgegeben von dem derzeitigen Pfarrer der Gemeinde Gmunden. Gmunden 1872.

Gedenkschrift 1876

Gedenkschrift: Zur Erinnerung an die am 10. September 1876 vollzogene Einweihung der neuerbauten evangelischen Auferstehungskirche zu Gmunden in Oberösterreich., Gmunden 1876.

GWBL

Gmundener Wochenblatt, Jahrgänge 1868-1900.

GZ

Gmundener Zeitung, Jahrgänge 1900-1915.

Hess 1962

Hess, Emil: Der fröhliche Musikant, hg. v. Martha Hess. Wien 1962.

Krackowizer 1899

Krackowizer, Ferdinand: Die evangelische Kirchengemeinde. In: Ders.: Geschichte der Stadt Gmunden in Ober-Oesterreich, Band II, Gmunden 1899, S. 216-222.

Rosendahl 1928

Rosendahl, Erich: König Georg V. von Hannover. Ein Gedenkbuch. Hannover 1928.

Salzkammergut-Zeitung

Salzkammergut-Zeitung, Sonderausgabe 19. Jänner 1907.

Farbtafel 1,1: Burg Plesse. „DIE PLESSE von Deppelshausen ab". Kolorierte Radierung von C. A. Besemann (um 1817). Nach Auflassung der Burg 1660 befand sich die Anlage noch einige Jahre in gutem Zustand. Der erste Stich mit ruinösen Baulichkeiten stammt aus dem Jahr 1713. So wie hier hat sich die Plesse auch im Jahr 1853, anläßlich des Besuches Georgs V., präsentiert (Plesse-Archiv Bovenden).

Farbtafel 1,2: Burg Plesse. Blick von Süden, Luftbild (1997). Diese Ansicht zeigt aus einem etwas höheren Blickwinkel die auch im Stich von Besemann reproduzierte, ›klassische‹ Ansicht der Burg von Süden. Der Kleine Turm, die dahinterliegende Kapelle, das Mittlere Tor, das Ältere Herrenhaus, der Große Turm und die Westbastion ›Eichsfeld‹ (abgegangen 1879), wurden nach der ›Großen Restauration‹ Georgs V. zwischen 1853 und 1864 noch einmal zwischen 1983 und 1997 mit großem Aufwand unter denkmalpflegerischer Begleitung saniert.

81

Farbtafel 2, 1: Burg Plesse. Blick vom ›Salzfleck‹ über die Kreisstraße 1 hinauf zur Nordseite der Burg. Der heute hier befindliche Mittelwald verdeckt die steilen Konturen des Burgberges.

Farbtafel 2,2: Burg Plesse. Der Blick von Osten geht vom Vorhof über einen Teil des Caningartens und der inneren Ringmauer zum Mittleren Tor, dem Kleinen Turm und dem Bergfried.

Farbtafel 3,1: Burg Plesse, Hauptburg. Blick von Westen. Links Reste des ehemaligen Marstalles, dahinter die Giebelwand des Älteren Herrenhauses. In der Mitte der Bergfried mit Hocheingang. Rechts die Sakristei der Kapelle.

Farbtafel 3,2: Burg Plesse, Hauptburg. Blick von Osten. Rechts die Traufwand des Älteren Herrenhauses, daran anschließend der sog. Mittelbau. Mittig der Kleine Turm, davor links die Kapelle St. Peter und Paul.

83

Farbtafel 4,1:
Burg Scharzfels. Im Vorfeld der Unterburg finden sich Reste des 1856/57 auf Veranlassung Georgs V. errichteten Torturms, der später wieder abgerissen wurde.

Farbtafel 4,2:
Burg Scharzfels. Blick von Osten auf die erhaltenen mittelalterlichen Teile des Unteren Torhauses der Unterburg. Nach rechts anschließend Reste der Ringmauer, daneben eine stark überarbeitete und in den Verteidigungsbering integrierte Zechsteinformation.

Farbtafel 4,3:
Burg Scharzfels. Blick von Nordosten über den Unterburgbereich mit dem 1861 errichteten Brunnenhäuschen auf die Zechsteinformation der Oberburg.
Die 1857 errichtete Freitreppe schafft die Verbindung zwischen den beiden Burgteilen.

84

Farbtafel 5,1: Wiebrechtshausen bei Northeim. Urspr. Zisterzienserinnen-Klosterkirche St. Maria. Blick von Norden. Das nach der Bauregel des Ordens angelegte spätromanische Kirchengebäude besteht aus einem Westbereich, dem Langhaus mit einem Dachreiter, Seitenschiffen und dem Apsidenbereich im Osten. In der Mitte die gotische Grabkapelle Ottos des Quaden.

Farbtafel 5,2: Wiebrechtshausen bei Northeim. Urspr. Zisterzienserinnen-Klosterkirche St. Maria. Blick von Süden in den Hauptschiffbereich mit der Apsis im Osten hinüber zum nödlichen Seiten-schiff und in daran angefügte Grabkapelle Ottos des Quaden. Langhaus und Seitenschiff werden durch eine Bogenstellung mit kleinem Stützenwechsel (Pfeiler – Säule) miteinander verbunden.

Farbtafel 6,1: Wiebrechtshausen bei Northeim. Urspr. Zisterzienserinnen-Klosterkirche St. Maria. Grabstelle Herzogs Otto des Quaden von Braunschweig-Oberwald. Der am 13. Dezember 1394 in Hardegsen verstorbene Otto wurde zunächst außerhalb der Kirch bestattet. Einige Jahre später konnte seine Frau Margarethe den Bau der Grabkapelle bewirken.

Farbtafel 6,2: Wiebrechtshausen bei Northeim. Urspr. Zisterzienserinnen-Klosterkirche St. Maria. Grabstelle Herzogs Otto des Quaden von Braunschweig-Oberwald. Zu Füßen des in voller Ritter-montur mit Schwert, Schild und Helm skulptierten herzoglichen Grabmals findet sich ein ruhender Löwe. Auf einer Fase zieht sich eine umlaufende Grabinschrift. Darunter wurde im Jahr 1860 die Restaurierungsinschrift angebracht.

Farbtafel 7,1: Hardegsen, Pfarrkirche St. Mauritius. Der auf Veranlassung der Herzogin Margarethe zum Berge, Gemahlin Ottos des Quaden, nach 1424 errichtete Bau zeigt sich nach Stadtbränden und Umbauten heute in einer stark veränderten Form.

Farbtafel 7,2:
Hardegsen, Pfarrkirche St. Mauritius. Auf der Südseite des Kirchenbaus befindet sich die zum ursprünglichen Baukonzept gehörende St. Georgs-Kapelle. Hier sind seit der Restaurierung unter Georg V. 1861 die ehemals im Hauptchor befindlichen Grabdenkmale der Herzogin Margarethe und ihres Sohnes Herzog Wilhelm aufgestellt.

Farbtafel 8,1: Hardegsen, Pfarrkirche St. Mauritius, Kapelle St. Georg. Das künstlerisch hochrangige, hölzerne Grabdenkmal Herzog Wilhelms ist nur im oberen Teil mit der Skulptur im Original erhalten. 1861 wurde ein neuer, hölzerner, Unterbau geschaffen. Hier abgebildet ist das Wappen der älteren braunschweiger Linie der Welfen mit zwei übereinander schreitenden, goldenen Leoparden im roten Feld.

Farbtafel 8,2: Hardegsen, Pfarrkirche St. Mauritius. Kapelle St. Georg. Den oberen Abschluß der Kapelle bildet eine zweijochige Wölbung, in deren Mittelpunkten sich zwei Schlußsteine mit den Wappen der Herzöge von Braunschweig-Oberwald (Leoparden) und das hier abgebildete der Herzogin Margarethe zum Berge (vier Leoparden und Sparrenschild im Wappenherz) finden.

Farbtafel 8,3: Hardegsen, Pfarrkirche St. Mauritius. Kapelle St. Georg, Südwand. Die 1861 auf Veranlassung von König Georg V. durchgeführte Restaurierung der Kapelle wird durch diese Inschrifttafel belegt. Es ist eher selten, daß sich Memorientafeln dieser Art an den vom König bedachten Bauwerken finden.

Farbtafel 9,1: Zellerfeld, Pfarrkirche St. Salvator. Nach verheerenden Stadtbränden im 16. und 17. Jh. wurde die Kirche 1673 neu errichtet. Georg V. nahm an der 1861-1864 durchgeführten Restaurierung persönlichen Anteil und gab Anweisungen über die Ausführung bestimmter Bauschritte. So bestimmte er z.B., daß die Kirche vollständig eingewölbt werden sollte. Zur festlichen Wiedereinweihung reiste mit Gefolge trotz schlechtester Witterung im November 1864 an.

Farbtafel 9,2: Herzberg, Welfenschloß, Grauer Flügel. Die von Georg von Calenberg (1582-1641), dem Stammvater der Kurfüsten und Könige von Hannover, als ständige Residenz gewählte Anlage entwickelte sich aus einer Burg des 12. Jh.s. Als Jagdschloß des Kronprinzen Ernst August gedacht, wurde im Jahr 1861 der Graue Flügel auf alten Fundamenten durchgreifend neu aufgeführt. Über dem Eingangsportal findet sich die Inschrift „Anno ›cere et constanter‹ 1861".

Farbtafel 10,1: Goslar, Liebfrauenberg, Kaiserhaus-Komplex. Die links im Bild sichtbare St. Ulrich-Kapelle diente im 19. Jh. noch als städtisches Gefängnis. Seit 1851 wurde die Gerichtshoheit dem Königreich Hannover überschrieben. Das große Pfalzgebäude wurde von Georg V. 1865 für 1.000 Thaler erworben. Der Verbindungsgang zwischen den beiden Bauteilen stammt von 1884.

Farbtafel 10,2:
Goslar, Liebfrauenberg, Kaiserhaus-Komplex. Im Sommersaal des Kaiserhauses (1. OG) findet sich ein monumentaler Bilderzyklus, der von Hermann Wislicenus zwischen 1879 und 1897 geschaffen wurde. Das Mittelbild zeigt die allegorische Darstellung der Reichsneugründung unter Wilhelm I. 1871. Hier findet sich zu Haupten Bismarcks und Moltkens ein nunmehr erstmals identiziertes Brustbild König Georg V.

Farbtafel 11,1: Goslar, Frankenberg, Kloster St. Maria Magdalena. Der Kirchturm auf der linken Bildseite gehört zur im 12. Jh. errichteten Pfarrkirche St. Peter und Paul. Im 13. Jh. wurde von der Familie ›de Gowische‹ hier das erste Maria Magdalenerinnen-Kloster Europas eingerichtet. Von diesen Baulichkeiten finden sich allerdings nur noch Reste des Kreuzganges. Das im 18. Jh. neu errichtete Hauptgebäude aus Fachwerk wurde von Georg V. und seiner Familie anläßlich der Badeaufenthalte bei Kräuterdoktor Lampe in den Jahren 1862 und 1863 als Domizil gewählt.

Farbtafel 11,2:
Hildesheim, Klosterkirche St. Godehard. Die im Jahr 1172 geweihte Basilika war Mitte des 19. Jh. stark verfallen. Aus Mitteln der Hannoverschen Klosterkammer wurde eine umfassende Restaurierung durchgeführt. Zur Einweihungsfeier am 20. 12. 1863 erschien das Königspaar. Königin Marie stiftete den Radleuchter, dessen Motiv auf die Offenbarung Johannis im Neuen Testament, mit den 24. Ältesten hinweist.

Farbtafel 12,1: Schloß Marienburg bei Nordstemmen. Auf dem Schulenburger Berg, einer der letzten Erhebungen des Leinetals vor der Norddeutschen Tiefebene findet sich in beherrschender Lage das zwischen 1858 und 1867 erbaute Schloß Marienburg. Es handelt sich um ein privates Geschenk von Georg V. an seine Gemahlin Marie, anläßlich ihres Geburtstages. Die Schenkungsurkunde stammt vom 14. 4. 1857.

Farbtafel 12,2: Schloß Marienburg bei Nordstemmen. Königinnenflügel. Erdgeschoß. Salon der Königin. Der Grundstein zum Bau des Schlosses wurde am 9. 10. 1858 gelegt. Leitender Architekt war damals der aus Einbeck stammende Conrad Wilhelm Hase, aus dessen Büro auch das Korkmodell stammt. Vergleiche mit dem heute erhaltenen Baukörper zeigen, das noch mehrere Planänderungen, wohl nach Absprache mit der Königin durchgeführt wurden.

Farbtafel 13,1: Schloß Marienburg bei Nordstemmen, Zufahrt zum Schloß. Blick von Nordosten. Die heute asphaltierte Zuwegung durchschneidet an dieser Stelle einen, in seiner Gesamtheit fast völlig erhaltenen, wohl frühgeschichtlichen Ringwall. Dem mächtigen Erdwall ist ein tiefer Graben außen vorgelegt. Die Durchfahrt wurde auf beiden Seiten zur Sicherung des Wallprofils und wohl auch aus ästhetischen Gründen mit Steinblöcken befestigt.

Farbtafel 13,2: Schloß Marienburg bei Nordstemmen, Innenhof. Blick von Südwesten auf Teile der Nord- und Ostfassaden. Hinter den gotisierenden Blendarkaden auf der linken Bildseite befinden sich die ehemaligen Pferdestallungen. Im 1. OG des Turmes in der Bildmitte, liegen Fremdenzimmer, rechts daneben Bedienstetenwohnungen, ganz rechts ist ein Teil der Fassade der Schloßkapelle zu sehen.

Farbtafel 14,1: Schloß Marienburg bei Nordstemmen. Innenhof. Blick von Südwesten auf die Hoffassade der Pferdestallungen. Im hinteren Teil des Gebäudes befinden sich im 1. OG weitere Bedienstetenwohnungen. Der Treppenturm auf der linken Seite schafft im OG die Verbindung zu den Hofdamengemächern und dem Musiksalon auf der Westseite des Schlosses.

Farbtafel 14,2:
Schloß Marienburg bei Nordstemmen. Königinnenflügel. 1. O.G. Blick nach Westen vom Südbalkon, dem Wohnzimmer des Königs vorgelagert, auf den als Rundturm ausgeführten Bau für die Runde Bibliothek und den Musiksalon. Im dazwischen liegenden Trakt finden sich Fremdenzimmer. Der Turm wurde nach 1866 nicht mehr mit der ursprünglich geplanten Aussichtsterrasse fertiggestellt und mit einem Notdach versehen.

Farbtafel 15,1: Schloß Marienburg bei Nordstemmen. Königinnenflügel. Erdgeschoß. Toilettenzimmer der Königin. Das Schloß diente Königin Marie und ihrer Tochter Mary bis zum Gang in das österreichische Exil im Jahr 1867 als Aufenthaltsort. Damals waren die meisten Zimmer nach der ursprünglichen Bestimmung nutzbar. Nach Ende des 2. Weltkrieges wurde das Schloß noch einmal von Familienmitgliedern bewohnt. Heute wird es überwiegend als Museum gezeigt. Schaustücke aus der umfangreichen Sammlung der Welfen finden sich auch in einem der ehemaligen Toilettenzimmer der Königin. Nicht klar ist, woher die Rüstungen stammen. Sie könnten aus Schloß Blankenburg mitgebracht worden sein.

Farbtafel 15,2: Schloß Marienburg bei Nordstemmen. Prinzessinnenflügel. Erdgeschoß. Korridor. Auf dem geführten Rundgang durch das Schloß erreicht man nach Verlassen der Bibliothek diesen in seiner Tiefenstaffelung so eindrucksvoll gestalteten Korridor. Die dahinter liegenden Zimmer der Prinzessinen Mary und Friederike sind nicht zugänglich. Im Vordergrund ist eine Büste der Königin Luise von Preußen aufgestellt. Sie stammt nicht aus dem ursprünglichen Einrichtungsbestand, sondern gelangte nach 1945 hierher.

Farbtafel 16: Schloß Marienburg bei Nordstemmen. Königinnenflügel. Erdgeschoß. Durchblick vom Salon der Königin auf die sich nach Osten hin anschließenden Räume. Hinter der Tür mit den flankierenden ›Wilden Männern‹ öffnet sich der Rittersaal, hinter der Säulenstellung ist ein Teilbereich des Speisesaals zu sehen.

Farbtafel 17,1:
Schloß Marienburg bei Nordstemmen. Königinnenflügel. Erdgeschoß. Runde Bibliothek. Die Inspirationen zur Raumgestaltung könnte dem Architekten Hase durch den Rittersaal auf der Wartburg oder den Dreipfeilersaal im Schloß Marienburg des Deutschen Ordens in Westpreußen gekommen sein. In den Zwickeln der Bogenfelder der Decke finden sich Medaillons mit Darstellungen von Minnesänger und anderer mittelalterlicher/frühneuzeitlicher Sänger und Dichter.

Farbtafel 17,2: Schloß Marienburg bei Nordstemmen. Königinnenflügel. 1. O.G. Wohnzimmer des Königs. Vor dem Westfenster des Wohnzimmers, mit Blick auf den großen Turm, in dem sich das Musikzimmer und die Runde Bibliothek befinden, steht der Schreibtisch Georgs V., mit dem dazugehörigen schweren Sessel. Auf der Tischplatte finden sich eine Uhr, Bilder von sich und seiner Familie sowie Schreibutensilien.

Farbtafel 18,1: Rotenkirchen bei Einbeck. Domäne. Das in Fachwerk als doppelgeschossiger, verbret-
terter und hell gestrichener Bau aufgeführte ›Königliche Jagdschloß‹ wurde 1816 durch Herzog
Adolph von Cambridge unter Mitwirkung des Architekten Laves zu einer klassizistisch gestalteten
Sommer- und Jagdresidenz ausgebaut. Vorher war dieses Gebäude Wohnsitz des Amtmannes. Dahinter
ist das als massiver Schloßbau das 1569 vollendete Ablager- oder Logierhaus, auch Kavalierhaus
genannt zu sehen. Hinter den Gebäuden liegt ein großer Teich, an den sich ein Park anschließt. In
Rotenkirchen verbrachte Georg V. mit seiner Familie den Spätsommer 1853 und unternahm viele
Tagestouren.

Farbtafel 18, 2: Rotenkirchen bei Einbeck. Grubenhagen. Schweizerhaus. Neben den Teich- und
Parkanlagen im direkten Umfeld des Jagdschlosses, die in ihren Anfängen aus dem späten 16. Jh.
stammen, und unter Adolph von Cambridge ab 1816 umgestaltet wurden, läßt sich ein weiteres
gärtnerisches Programm erschließen. Die auf Veranlassung der Gemahlin Adolphs nach 1816 errichtete „Schweizerei", in dem die adligen Benutzer das bäuerliche Landleben nachempfinden wollten,
gehört zu einem aus Wegen, Sichtschneisen und den romantisch hergerichteten Ruinen der alten Burg
Grubenhagen bestehenden Ensemble das in der Tradition englischer Landschaftsgärten angelegt ist.

Farbtafel 19, 1:
Stadt Gmunden. Österreich. Land Oberösterreich. Salzkammergut. Lageplan. Seit 1868 besuchte die Famlie Georgs V. regelmäßig in den Sommermonaten den Ort am Traunsee. Als Domizil wurde die in einer weitläufigen Parkanlage gelegene – später Königinvilla genannte - Villa Thun gewählt. Zwei wichtige Neubauten wurden auf Veranlassung Georgs V. und des Kronprinzen erstellt: Die 1876 fertiggestellte evangelische Kirche und das von 1882 bis 1886 errichtete Schloss „Cumberland". Die Lage der Bauten ist durch Pfeile im Plan markiert.

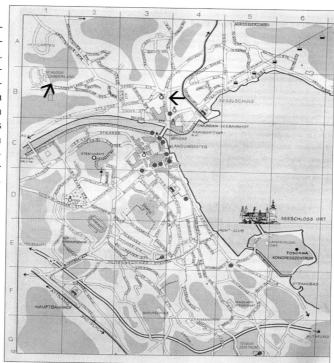

Farbtafel 19, 2: Stadt Gmunden. Österreich. Land Oberösterreich. Salzkammergut. Schloss Cumberland. Vorderansicht. Das nach Plänen des hannoverschen Architekten Schorbach im „gotischen Stil" erbaute Schloss wurde von der Familie des Kronprinzen bis zum Jahr 1930 bewohnt. Danach wurde es in ein Familienmuseum umgewandelt, heute beherbergt es eine Klinik. In einem Untergeschoß befindet sich die Gruft der Königin Marie und Ernst Augusts und weiterer 5 Familienmitglieder.

Farbtafel 20, 1: Stadt Gmunden. Österreich. Land Oberösterreich. Salzkammergut. Evangelische Kirche. Außen. Blick von Norden. Die aus rotem Ebernseer Kalkstein errichtete Kirche wurde nach Plänen des Wiener Architekten Wehrenpfennig im „gotischen Stil" erbaut. Die Grundsteinlegung erfolgte am 7. September 1871, die Einweihung am 10. September 1876.

Farbtafel 20, 2: Stadt Gmunden. Österreich. Land Oberösterreich. Salzkammergut. Evangelische Kirche. Innenraum. Blick von Osten. Das mit seinem offen gezimmerten Dachstuhl und Spitzbogendurchbrüchen, zu den Seitenschiffen, auf Säulen an Vorbildern der englischen Gotik angelehnte Kircheninnere, hier z. B. die Halle von Winchester Castle (um 1230), verzichtet auf jegliche Ausmalung mit bunten Farben. Die Orgel auf der Westempore über dem Eingang ist – so wie die meisten liturgischen Gerätschaften – ebenfalls ein Geschenk König Georgs V.

Farbtafel 21: *„Ansicht der Plesse bey Göttingen gegen Westen"*. Kolorierter Stich von C. A. Besemann. Auf dem hier beinahe als Einzelberg dargestellten Ausläufer des Göttinger Muschelkalk-Plateaus liegen in eindrucksvoller Weise die Ruinen der Burg Plesse. Nach 1660 verlassen, sind um 1815 nur noch die Rudimente der Ringmauern und Gebäude, einzig die beiden Türme im Westen und Osten der Hauptburg noch leidlich erhalten. Der ehemals völlig frei gestellte Hang des Berges ist von einem dichten Wald überzogen. Aus diesem ragt als dritte Landmarke neben den Türmen die heute sog. ›Goethelinde‹ auf der Westbastion der Burg heraus. Im Tal ist das ehemalige Vorwerk der Burg, Eddigehausen, mit der Kirche, Wohnbauten und den Domänengebäuden mit den großen Lüftungsschleppen auf den Dächern auszumachen. Dieser Stich wurde von den Göttinger Porzellanmalern jahrzehntelang als Vorlage für ihre Produkte verwendet. (Plesse-Archiv Bovenden)

Farbtafel 22: „*Schloß Plesse zur Zeit seiner Bewohnung*". Kolorierter Stich von Ernst Riepenhausen (1762-1840). Bei den Vorlagen für die Ansichten der Burg Plesse und des darunter liegenden Vorwerks Eddigehausen wird von den nachfolgenden Künstlern mit Vorliebe auf die 1605 und 1654 von Dilich und Merian geschaffenen Kupferstiche der Plesse ›zur Zeit ihrer Bewohnung‹ zurückgegriffen. Dieses Mittel ist nur rechtens, denn bereits 1713 wird zum ersten Mal der stark ruinöse Zustand der Burg durch Joachim Meier dokumentiert. Die Burg wird also immer in der letzten Phase ihrer Nutzung dargestellt. (Plesse-Archiv Bovenden)

Farbtafel 23,1: *„Das innere der Plesse".* Kolorierter Stich von Heinrich Christoph Grape (1761-1834). Blick von West nach Ost auf die markanten Baulichkeiten der Hauptburg um 1817. Links Reste des Älteren Herrenhauses. Der Große Turm in der Bildmitte ist durch Blitzschlag seiner Außenschale beraubt worden. Im Turminneren befinden sich mehrere Laubbäume – Linden. Um diese Bäume wurde zur Zeit der ›Großen Restauration‹ unter Georg V. verbissen gekämpft, bis letztendlich die Entscheidung getroffen wurde, die Bäume zu fällen, den Turm von Grund auf zu sanieren und das heute noch erhaltene Treppenhaus einzubauen. (Plesse-Archiv Bovenden)

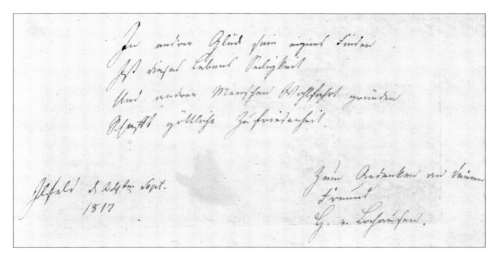

Farbtafel 23,2: Rückseite des obigen Stammbuchblattes. *„In andren Glück sein eignes finden / Ist dieses Lebens Seeligkeit / Und andrer Menschen Wohlfahrt gründen / Schafft göttliche Zufriedenheit / Ilfeld d(en) 24ten Sept. 1817 / Zum Andenken an deinen Freund H. v. Lochausen".* Die älteren Stammbuckkupfer mehmen noch Rücksicht auf die zu erfolgende Beschrifung, indem das eigentliche Motiv an den Rand geschoben wird. Später ›wandert‹ die Widmung auf die Rückseite.

103

Farbtafel 24,1:
Tasse in schlanker Kraterform (1821-23), Nr. 1 (Städt. Museum Göttingen)

Farbtafel 24,2: Dessert-Teller, Königliche Porzellanmanufaktur (um 1824), Nr. 6 (Privatbesitz)

Farbtafel 25,1:
Vase (um 1865/70), Nr. 8
(Städt. Museum Göttingen)

Farbtafel 25,2: Tasse, Königliche Porzellanmanufaktur Berlin (um 1860), Nr. 10
(Städt. Museum Göttingen)

Farbtafel 25,3:
Tasse, Königliche Porzellanmanufaktur Berlin
(um 1847/49), Nr. 11
(Städt. Museum Göttingen)

Farbtafel 26,1:
Aschenbecher (um 1855/60), Nr. 15
(Privatbesitz)

Farbtafel 26,2:
Vase (um 1840), Nr. 19
(Privatbesitz)

Farbtafel 27,1:
Tasse (um 1855/60),
Nr. 21
(Privatbesitz)

Farbtafel 27,2:
Tasse, Königliche Porzellanmanufaktur Berlin (um
1847/49), Nr. 23
(Städt. Museum Göttingen)

Farbtafel 27,3:
Tasse (um 1860/65), Nr. 24
(Städt. Museum Göttingen)

Farbtafel 28,1:
Bad Langensalza. Merxleben. Pfarrkirche St. Martini. Blick von Süden auf das um 1557 errichtete Kirchengebäude. Hier befand sich am 27. Juni 1866 der ›Feldherrenhügel‹ der hannoverschen Armee. Die Kirche wurde zu einem der zahlreichen Lazarette, in denen Freund und Feind versorgt wurden. Auf dem Kirchhof fanden viele Opfer dieses Bruderkrieges ihr Grabstätte.

Farbtafel 28,2: Bad Langensalza. Merxleben. Blick vom Kirchof in Merxleben nach Südwesten auf den mittleren Teil des Schlachtfeldes zwischen Kallenbergs Mühle und dem Judenhügel. Die Baumreihe hinten rechts markiert das Badewäldchen mit den Schwefelquellen, von dem aus die preußische Armee vorrückte. Die vereinzelt stehenden Bäume rechts des modernen Strommastes markieren den Lauf der ›regulierten Unstrut‹ – ein für die Hannoveraner wegen der steilen Ufer schwer zu überwindenes Hindernis.

Farbtafel 29,1: Bad Langensalza. Schlachtfeld. Blick vom Judenhügel nach Norden. Im Hintergrund erhebt sich die St. Martini-Kirche über dem Dorf Merxleben. Dominiert wird die Sicht durch den einzeln stehenden Baum in der Bildmitte. Er markiert – wesentlich später gepflanzt – die Stelle, an der die ersten Gefallenen beigesetzt wurden: dort, wo sie fielen.

Farbtafel 29,2: Bad Langensalza. Schlachtfeld. *„Leutnant Ponikau und zwei Soldaten des 25. rheinischen Inf. Rgt."* waren die ersten Gefallenen der Schlacht am 27. Juni 1866. Da moderne Erkennungsmarken – eine Hälfte wird mit beerdigt, die andere den Verwandten überstellt – noch nicht in Gebrauch waren, hatten die Hinterbliebenen große Schwierigkeiten, die Opfer zu identifizieren.

Farbtafel 30,1: Bad Langensalza. Schlachtfeld. Blick von Westen auf eine der zahlreichen Erinne-rungsstätten, diese nahe der heiß umkämpften ›Kallenbergs Mühle‹. Zu DDR-Zeiten standen derar-tige Denkmale nicht auf der Prioritätenliste der zuständigen Sanierungsbehörden. Die Restaurierung erfolgte nach der ›Wende‹ unter aktiver Teilnahme Sr. Königl. Hoheit, Ernst August, Prinz zu Hanno-ver, Herzog zu Braunschweig und Lüneburg.

Farbtafel 30,2: Bad Langensalza. Schlachtfeld. Blick von Westen auf das hannoversche Kriegerdenk-mal im Badewäldchen. König Georg V. hatte die Fläche, auf der sich das Massengrab befindet, in dem 27 oder 29 Leichen, meist hannoversche Jäger, gebettet waren, aufgekauft. Das Denkmal wurde nach einem Entwurf des Architekten Oppler 1876 in Form eines Sarkophags, der von acht gedrungenen Säulen getragen wird, auf einem Unterbau von drei Stufen errichtet. Für den im Exil lebenden König war das Totengedenken eine letzte Möglichkeit, Präsenz zu zeigen.

110

Farbtafel 31: Goslar, Liebfrauenberg, Kaiserhauskomplex. Sommersaal. Hauptbild ›Wiederentstehen des Deutschen Reiches 1871‹. Der rote Pfeil zeigt auf das Brustbild König Georgs V. von Hannover hin (vgl. Farbtafel 10,2).

Farbtafel 32: König Georg V. von Hannover (um 1860), Ölgemälde, zugeschrieben: Franz Xaver Winterhalter (1805 – 1873), 89 x 74 cm (Bomann Museum, Celle)

Thomas Moritz

›Hannoversche Identitätsstiftungen‹
Geschichte und Bauwerke als Instrumente der Macht im König-
reich Hannover unter Georg V.

Für Brigitte „*The past is never dead; it is not even past.*"
(William Faulkner)

Das einleitende Faulkner-Zitat verdanke ich Professor Randolph Hennes, Washington University, der mich im Verlauf mehrerer Gespräche zum Thema ›Instrumente der Macht‹, die wir im Mai 2003 auf einer Flußschiffreise führten, darauf hingewiesen hat. Im Rahmen einer Alumni-Bildungsreise für verschiedene amerikanische Universitäten führte uns die Tour 17 Tage lang auf Rhein, Main und Donau (mit vielen Bus-Abstechern) von Amsterdam nach Budapest. Der erste Teil der deutschen Strecke führte von Köln über Koblenz, vorbei an den ›romantischen‹ Rheinburgen im ›Rhine Gorge‹, nach Rüdesheim. Neben historischen Bauwerken des Mittelalters waren es vor allem die Bauleistungen des 19. Jh. und zwar die vom – oder für das – preußische(n) Königshaus initiierten Bauten, die uns begeisterten, nämlich der Kölner Dom, das Denkmal am Deutschen Eck in Koblenz, die Burgen/Schlösser, Stolzenfels, Sooneck und Vautsburg (seit 1823 Rheinstein genannt) sowie das Niederwald-Denkmal bei Rüdesheim. Versorgt mit den wichtigsten geschichtlichen Eckdaten waren unsere Gäste von diesem Abschnitt der Reise besonders beeindruckt. Es wurde versucht, das Gesehene in Worte zu fassen. In den Gesprächen wurden dann solche Beschreibungen wie ›Instrumente der Macht‹ und ›Bauwerke als Argumente‹ benutzt.

Das politische Wirken des Hauses Preußen, das auf dem Wiener Kongreß im Jahr 1815 in den Besitz der Rheinlande gelangt war, sollte durch ein Bau-Programm sichtbar gemacht werden. Der Kronprinz und spätere König Friedrich Wilhelm IV. (reg. 1840-1861), seine Brüder Wilhelm, Karl und Albrecht sowie sein Vetter Prinz Friedrich hatten seit 1815 und 1833 die Rhein- und Mosel-Lande besucht, um sich die neu erworbenen Gebiete auch geistig und kulturell zu eigen gemacht. Friedrich Wilhelm IV. beabsichtigte, einsetzend mit dem – unter romantischen Gesichtspunkten ausgeführten – Wiederaufbau der mittelalterlichen Burgruine Stolzenfels sowie durch Ausgrabungen und Restaurierungen römischer Bauwerke in Trier, und anderer Projekte, die Rückbesinnung auf diese beiden, die Rheinlande prägenden, Epochen zu beschwören. Durch dieses herrschaftsikonographisch hochinteressante Programm wollte er sich und seiner Familie die Legitimation der mittelalterlichen, und sogar die der römischen Kaiser, als preußischer König und Rechtsnachfolger in den neuen Gebieten sichern. Nach dem Deutsch-Französischen Krieg von 1870/71, bei dem Wilhelm I. durch die ›Reichsneugründung‹ den Kaisertitel errungen hatte, wurden diesem Programm durch die Standbilder in Koblenz und Rüdesheim weitere monumentale Komponenten hinzugefügt.

Friedrich Wilhelm IV. war ab 1850 maßgeblich am Wiederaufbau der Burg Hohenzollern bei Hechingen beteiligt. Zusammen mit dem auch an den Rheinburgen tätigen Architekten Schinkel konzipierte und errichtete er 1834-49 Schloß Babelsberg bei Potsdam. Der bereits 1803 unter Friedrich Wilhelm III. unter Schutz gestellten und ab 1817 auf Betreiben seines Vetters Friedrich Ludwig begonnenen Wiederherstellung der Deutschordensritterburg Marienburg an der Nougat in Westpreußen galt sein reges Interesse. Wegen seiner vielfältigen künstlerischen, wissenschaftlichen aber auch technischen Neigungen, die z.T. ein hohes Maß an Professionalität erreichten, wird Friedrich Wilhelm IV. als der ›Romantiker auf dem Königsthron‹ bezeichnet. Die hier genannten Projekte stellen dabei auch nur einen Ausschnitt der wirklich laufenden Aktivitäten des Königs dar. Daß bei all diesen Planungen oftmals die politischen Geschäfte stark vernachlässigt wurden, steht dabei auf einem anderen Blatt.

David E. Barclay beschreibt in seinem Aufsatz ›König, Königtum, Hof und Gesellschaft‹ über diesen Onkel Georgs V., König Friedrich Wilhelm IV. von Preußen, für ihn „*stellte die Kunst, vor allem die Architektur, nicht nur eine Quelle privaten ästhetischen Genusses dar; sie sollte auch dazu dienen, auf recht traditionelle Art und Weise den Auffassungen des Herrschers über Geschichte, Monarchie, Nationalität und Religion einen konkreten, spürbaren Ausdruck zu verleihen*" (Barclay 1987, S.15). Desweiteren stellt er die Frage, inwieweit das ›Gottesgnadentum‹ des preußischen Königs und seiner Berater einen bewußten oder unbewußten Versuch darstellte, für Preußen und unter preußischen Bedingungen etwas zu schaffen, das britische Historiker unter dem Begriff ›invention of tradition‹ beschrieben haben (Hobsbawm and Ranger 1983; Canndine 1994).

Der Einstieg in das Thema dieses Aufsatzes, ›Hannoversche Identitätsstiftungen‹, gelingt über Preußen als Staat, Friedrich Wilhelm IV., seine Familie und seine Projekte aus verschiedenen Gründen gut. Zum einen sind da die engen familiären Verbindungen, Georg V. war der Neffe von Friedrich Wilhelm und Wilhelm. Bei der Hochzeit Georgs mit Prinzessin Marie im Jahr 1843 waren beide Hohenzollern zu Gast in Hannover. Zum anderen wurden die, unter der heutigen Bezeichnung des ›Romantischen Historismus‹ (1820-1850) und später im Stil des ›Heroischen Historismus‹ (1850-1880) ausgeführten, Neubauten und Restaurierungen der Hohenzollern als Leitmotive natürlich von den Hannoverschen Architekten und Baumeistern wahrgenommen. Techniken, denkmalpflegerische Vorgaben und ›Stiltreue‹ sind bei Bau- oder Konservierungsarbeiten (z.B. auf der Burg Plesse bei der Sicherung originaler Bausubstanz) berücksichtigt worden. Zu guter Letzt wird das Königreich Hannnover im Jahr 1866 von Preußen annektiert. Wilhelm I. tritt in, von Georg V. hinterlassene, ›Kulturschulden‹ ein (z.B. Kaiserhaus Goslar, Mausoleum in Aurich). Die ›Hannoverschen Identitätsstiftungen‹ sind, wie auch das Programm Wilhelm IV., in erster Linie stark politisch motiviert zu sehen. Nur im Fall von Hannover ist der Fakt einer Identitätsstiftung durch auf ein bauliches Konzept fußende Projekte – so haben jedenfalls die Recherchen ergeben – bisher nicht als solcher herausgestellt worden. Es gilt zuerst einmal zu definieren, was mit einer ›Identitätsstiftung‹

überhaupt gemeint sein soll. Das Augenmerk muß dabei zuerst auf die politischen Verhältnisse im Europa der Zeit um 1800 gerichtet werden. Die Französische Revolution hatte das Feudalsystem des eigenen Landes auf dramatische Weise beendet. Das übrige Europa wurde von diesem Ereignis gründlich erschüttert. Adel und Klerus mußten um die ihnen bisher als ›gottgegebenen‹ Vorrechte bangen. Im politischen Überlebenskampf mit dem immer mehr aufstrebenden Bürgertum war es zu Beginn vor allem der Hochadel, der europaweit, dabei auf ein effizientes Beziehungsnetz fußend, durch Restaurierung, Um- oder Neubau der meistens schon lange Zeit verlassenen Stammsitze ihrer Familien zu einer neuerlichen ›Residenz‹ unübersehbare Zeichen setzen wollte. Der Historismus förderte dabei im neualten Adel das Bewußtsein für die eigene Geschichtlichkeit als Person, als Dynastie oder als soziale Schicht mit Privilegien. Bauwerke als Instrumente der Macht. Der Begriff ›Romantismus‹ ist im Zusammenhang mit der auf die ›Beherrschung‹ von Untertanen ausgerichteten Selbstpräsentation des Adels äußerst kritisch zu behandeln. Die herrschende Schicht war in bestimmten Geisteshaltungen, und auch bei der Organisation von bestimmten Teilbereichen des Lebens (z.B. ›Leben im Schweitzer Haus‹) ›romantisch‹, allerdings nur untereinander, und auf keinen Fall mit Untergebenen. Das romantische Moment lag eindeutig im Empfinden, und äußerte sich in weiten Bereich der Kunst, z.B. auf Gemälden, in der Musik oder in schriftlicher Form, in Prosa oder Gedicht. Sicherlich ist der Sinn für das Schöne ein wichtiger Aspekt in der Romantik, die ›Poesie des Verfalls‹, man suchte ja die ›Deutsche Identität in Ruinen‹, man muß aufpassen, wer die Romantik wie suchte, denn das Streben nach Macht ist der andere Aspekt.

Wichtige Voraussetzungen für die ›Hannoverschen Identitätsstiftungen‹ wurden nach den Befreiungskriegen geschaffen, als auf dem Wiener Kongreß in den Jahren 1814-15 die Verhältnisse in Europa neu geregelt wurden. Das Kurfürstentum wurde zum Königreich erhoben, einhergehend mit der Vergrößerung des Staates durch Eingliederung neuer Territorien, die Hannover zu einer Mittelmacht in Deutschland machten (vgl. Beitrag Aufgebauer, Wiener Kongreß, in diesem Band). Nachdem 1701 Sophie, die Gemahlin des Herzogs Ernst August aufgrund der Erbfolge offiziell vom englischen Parlament als Thronerbin anerkannt wurde, konnte Jahr 1714 die Familie der Kurfürsten von Hannover durch Georg I. (Ludwig) den Thron der Könige von Großbritannien und Irland übernehmen. Sie regierten nun für 137 Jahre beide Länder in Personalunion. Die Verpflichtung am englischen Hof zu residieren, brachte es nach der Thronbesteigung mit sich, daß Hannover seinen Rang als ständige Residenz vorerst verloren geben mußte. Das Land wurde ohne große Prachtentfaltung von Hofbeamten, später durch Vizekönige regiert, die bei der Bevölkerung teilweise recht beliebt waren, aber als Identifikationsfiguren wenig Charisma hatten. Man kann wohl unterstellen, daß die Regierung in London es auch gar nicht für wünschenswert hielt, sich fern ab von London eine Konkurrenz zum Herrscher heranzuziehen.

Georg IV. war der letzte König beider Länder, der Hannover besuchte. 1821 reiste er, nach einer vorher besuchslosen Zeit von 60 Jahren, noch einmal in die Leinestadt und wurde feierlich zum König gekrönt. Er verbrachte hier drei Wochen und unternahm eine Rundreise (vgl. Beitrag G. Keindorf, Tourismus, in diesem Band). Mit dem Tod seines Nachfolgers, König Wilhelms IV., seinem Bruder, änderte sich die Situation in Hannover grundlegend. Wilhelm konnte in den sieben Jahren seiner Regierung (1830-37) eine Reise hierher wegen ständiger Krankheit nicht mehr durchführen. In der englischen Thronfolge stand nun Victoria, die Tochter des dritten Sohnes von Georg III. (dem ersten König von Hannover 1814-20), Eduard August, an erster Stelle. Da sie als Frau von der hannoverschen Thronfolge ausgeschlossen war, mußte die Personalunion nun nach 123 Jahren aufgegeben werden. Der vierte Sohn Georgs III., Ernst August, Herzog von Cumberland, wurde als König eingesetzt.

Mit seinem Regierungsantritt, am 28. Juni 1837, war die Zeit der Vize-Regenten im Königreich vorrüber. Stadt-Hannover wurde wieder Residenz. Das Land war unter Georg IV. und Wilhelm IV. von dessen Bruder, einem weiteren Sohn Georgs III., Adolph Friedrich, Herzog von Cambridge als ›Viceroy‹ im Rang eines General-Gouverneurs seit dem 20. Dezember 1813 regiert worden. Er war sehr populär und kontrollierte die Staatsgeschäfte gut. Ernst August war als schwierige und streitbare Persönlichkeit allgemein bekannt. Gleich nach seiner Ankunft in Hannover ordnete er die Aufhebung des 1833 erlassenen, liberalen Staatsgrundgesetztes an. Seine Regierung, an deren Spitze er nur sich allein duldete, verfolgte eine erzkonservative Linie. Die dem Machtmißbrauch folgenden politischen Unruhen zogen unter anderem die Entlassung der ›Göttinger Sieben‹ durch Ernst August 1837 nach sich.

Eine weitere große Leistung bei der ›Identitätsstiftung‹ für das Haus Cumberland in Hannover war es, daß Ernst August durchsetzen konnte, seinen Sohn Georg obwohl blind, und dadurch schwerstbehindert, als Nachfolger auf dem Thron einzusetzen. Das Problem der Blindheit wurde so thematisiert, als ob es sich um eine vorübergehende Krankheit handele, bei der man nur abzuwarten brauche, bis sie wieder vorbei sei (vgl. Beitrag Brosius in diesem Band). Wie sehr Ernst August aber in Wirklichlichkeit um die Zukunft Georgs besorgt war, erfährt man durch einen Brief an Friedrich Wilhelm IV., den König von Preußen. Der Brief wurde kurz nach dem Tod von Königin Friederike geschrieben, deren Ableben das Herz des damals über 60jährigen Königs gebrochen hatte. Der Text wurde von Ernst August selbst formuliert und auch geschrieben, ein Hinweis auf seine Deutschkenntnisse:

„Ach, beste Freund, mein Hertz, sage Dir, ist gebrochen: were es nicht für mein theuersten George, für wehne ich bin jetzt beschefftigt alles klahre und fest zu machen, ich wünschte, daß der Allmächtige mich von meinem Leiden erlösen wollte. Sein [Georgs] *himmelsche Benehmen jetzt, sein liebevollen Herz, sein Adoration für seine seelige Mama; ach Gott, mein Herz bluthet, wenn ich Ihm ansehe, beste Freund. Verspreche mir heilig, ich bitte Dich auf mein Knien, bleibe stehts sein Freund, und stehe bey Ihm mit Dein Guten Rath, wenn ich nicht mehr bin. Verspreche mir dieses, bite!"* (Willis 1961).

Der vom König vorgegebene harte politische Kurs wurde von der Bevölkerung nur widerwillig angenommen. Auch in England war man über das Vorgehen entsetzt, konnte jedoch nicht mehr eingreifen, da Hannover nun als souveräner Staat nicht mehr an London gebunden war. Selbst über die Thronfolgereglung war man in London empört, konnte daran aber ebenso nichts ändern. Insgeheim hoffte man in ganz Europa, daß eine Revolution alsbald zur Absetzung Ernst Augusts führen würde. Interessanterweise schaffte der König zur gleichen Zeit einige, noch an Leibeigenschaft gemahnende, Vorrechte des hannoverschen Adels gegenüber der ländlichen Bevölkerung ab. Tiefen Respekt verschaffte sich der König bei aller Härte seines Programms dadurch, daß er ein einmal gegebenes Wort gehalten hat, und schnell an der Lösung von Problemen arbeitete. Als Ernst August am 18. November 1851 im Alter von 80 Jahren verstarb, hatte er sich und sein Königreich durch sein geschicktes ›Krisen-Managament‹ sogar noch durch die schwierigen Jahre der 1848 Revolution bringen können, eine Zeit in der eine Menge anderer Herrscherhäuser ihre Stellung aufgeben mußten, und viele Staatengebilde endgültig von der Landkarte verschwanden. Das von Gott gegebene, unanfechtbare Recht des Königs ist dabei das Credo seiner Politik gewesen. Was wäre wohl passiert, wenn Hannover nach 1837 weiter unter englischer Oberhoheit gestanden hätte? Wie hätte sich London zu Zeiten der Revolution verhalten? Der absolutistische Herrschaftsanspruch Ernst Augusts war auf jeden Fall ein basischer Faktor bei der Identitätsstiftung des Hauses Cumberland in Hannover, und der neue König, Georg V., war Willens in diesem Sinn weiter zu regieren.

Es findet sich kein schriftliches Dokument, in dem darüber berichtet wird, daß Georg V. – wie auch immer – beschlossen hätte, ein Projekt ›Hannoversche Identitätsstiftungen‹ durchzuführen.

Die ›große‹ Überschrift für die Ausstellung und den Begleitband ist einem Zitat entlehnt: „...(Und mein Engels Mann steht) größer noch (da) als (sein Ahne) Heinrich der Löwe! Es stammt aus einem Brief, den die Gemahlin Georgs V., Königin Marie, nach der Kapitulation des Hannoverschen Heeres im Juni 1866 in Langensalza an ihren auf dem Wege in das Exil nach Österreich befindlichen Gatten aus dem Schloß Herrenhausen bei Hannover geschrieben hat:

H(errenhausen) den 2ten. July (18)66.

„...Oh, geliebter Mann, wie herrlich sprachen Alle, die ich sah, von dir! Wie war der Herr Dir nahe! Könnte ich nur Worte finden, Dir unser Aller Bewunderung auszusprechen! Auch stolz bin ich auf unseren theueren Ernst und unsere herrliche wundervolle Armee! Der gnädige Gott wird helfen, daß auch sie bald wiederum in ihre heiligen Rechte tritt! und den Lohn für ihre Tapferkeit erhält; wenn sie auch für einige Zeit unthätig geworden, ihr Europäischer Ruf und der große Dienst, welchen sie dem ganzen Deutschen Vaterland erwiesen, halten sie noch zusammen, und das ist ein unauflösliches Band - die schönsten Lorbeeren. Und mein Engels Mann steht größer noch da als sein Ahne Heinrich der löwe! und wird auch als sieger zurück in sein theures Land zu seinen getreuen Unterthanen kehren. Der HErr ist nahe!" (Willis 1966, S. 30).

Führt man sich noch einmal die letzten 50 Jahre vor dem Regierungsantritt Georgs V. vor Augen, zeigt sich diese Zeit als eine der bewegtesten Perioden der neueren

Geschichte. Die Französische Revolution hatte die Zeichen für eine kommende, umfassende Neuordnung der gesellschaftlichen- und politischen Strukturen gesetzt. Die Napoleonischen Kriege hatten Europa in ein Chaos gestürzt, die Befreiungskriege und der darauf folgende Wiener Kongreß hatten ›alte Ordnungen‹ teilweise wieder hergestellt. Die Revolutionsjahre 1830 und 1848 hatten noch einmal und nachdrücklich für die beginnende neue Struktuierung der politischen Machtausübung gesorgt. In Hannover wurde Ernst August immerhin gezwungen, von seinen konservativen Ideen Abstand zu nehmen, die Minister zu entlassen und ein gemäßigt liberales Kabinett einzusetzen.

Dieser Aufsatz setzt mit der These der bewußten Identitätsstiftung durch Georg V. an der Schnittstelle zwischen den hocharistokratischen Siegern der Befreiungskriege und der Generation ihrer Nachfolger an. Es geht darum zu zeigen, daß die regierende Aristokratie, vor allem die voranschreitenden Generationen, gar keine andere Wahl hatten, als durch eine eigene, genau gesteuerte Selbstdarstellung und Herrschaftsausübung gegenzuwirken und (hoffentlich) zu überleben. Daß die bisher noch nicht so genannten ›Identitätsstiftungen‹ Georgs V. zu dieser Zeit nicht einzeln stehen, und auch nicht von ihm erfunden wurden, sondern sich in einem Europa überziehenden Raster wiederfinden, zeigt z.B. das Anfangs beschriebene Programm Friedrich Wilhelms IV. für die Rheinlande. Ein Vergleich der Projekte in Bezug auf ihre politische und symbolische Aussagekraft ist dabei nicht ratsam. ›Hannover‹ war nicht ›Preußen‹, außerdem konnte Georg sein Projekt nicht zu Ende führen. Will man diese politisch motivierten und einer ganz bestimmten Geisteshaltung entsprungenen Identitätsstiftungen Georgs überhaupt stilistisch klassifizieren, so sind sie – so wie die preußischen – vom ›Ruinenkult‹ beeinflußt, und im Romantischen sowie Heroischen Historismus einzuordnen.

Jede Art von politisch oder privat motivierter Handlung stiftet eine Identität, die es zu erkennen und einzuordnen gilt. Georg V. fußte bei seinen Handlungen natürlich auf dem, was ihm sein Vater hinterlassen hatte, einen absolutistisch geordneten Staat mit Einwohnern, die ihre Herrscher über mehrere Generationen hinweg kaum einmal zu Gesicht bekommen hatten. König Ernst August hatte eine sehr genaue Vorstellung davon, was ein Mensch, auch ein König, seiner Stellung schuldete. Er war der Meinung, daß der Kronprinz ein sehr zurückgezogenes Leben führen würde. Dem König war bewußt, daß Hannover über eine lange Zeit ohne einen ›sichtbaren‹ Regenten auskommen mußte:

„... *Was das betrifft, daß Du Dich in der Öffentlichkeit sehen lassen sollst, so ist das, glaube mir, kein törichtes Vorurteil meinerseits, sondern hat weit mehr Gewicht, als Du auf den ersten Blick glaubst. Denke daran, daß 150 Jahre kein Herrscher hier war und deshalb die Öffentlichkeit, nun der Herrscher hier ist, im allgemeinen das Gefühl hat, daß die Situation anders geworden ist. Ich verabscheue ebenso sehr wie alle anderen jeden unnötigen Pomp und alles Getue, aber die Zeit ist nicht danach geartet, daß die Fürsten ihre Stellung und was von ihnen erwartet wird vergessen dürfen"* (Brief vom 22. März 1843; Willis 1961, S. 149).

Das ›Sehen und Gesehen werden‹ ist neben der Manifestierung durch Schriftliches die Grundlage der Identitätsstiftungen. Eine große Rolle spielen dabei ikonographisch-ikonologische Feinheiten, die von den Zeitgenossen als bekanntes Allgemeingut gesucht, gefunden und erklärt werden konnten, die aber für die heutige Zeit kaum noch nachvollziehbar sind, und zum Teil einer langwierigen Entschlüsselung bedürfen. Zum Inventar eines ›ikonographischen Baukastens‹ können sich dabei von besonders geschichtsträchtigen Orten, oder Gebäuden über Einrichtungs- und Gebrauchsgegenstände bis hin zu Ausmalungen oder Farbgebungen und winzigen Assecoirs alle ›Zutaten‹ in beliebig oft zu gebrauchender Zahl und Form finden. So beginnt die zweite Generation des Hauses Cumberland/Hannover mit der Identitätsstiftung im Königreich Hannover. Die Zutaten für den ›Identitätsbaukasten‹ Georgs V. finden sich dabei anders als beim Projekt Friedrich Wilhelms IV., der eigenen und so weit in die Vergangenheit zurückreichenden Familiengeschichte. Bauten, Landschaft, Kunstwerke, Grablegen, Personen/Persönlichkeiten, familienbiographische Komponenten, usw., werden in Georgs Projekten verwendet. Beim derzeitigen Stand der Untersuchungen können noch keine Angaben darüber gemacht werden, welche Publikumswirksamkeit von den ›königlichen Projekten‹ – so werden die mit Geldmitteln aus Georgs Privatschatulle bezahlten Restaurierungen etc. im Umkreis des Königs genannt – ausgehen sollte, und auch noch nicht, ob sich innerhalb der wenigen Jahre nach der Realisierung der Projekte bis zum Gang in das Exil bereits eine Rezeption innerhalb der Bevölkerung bemerkbar machte. Macht es Sinn, wenn z.B. Burgruinen wie die Plesse oder Scharzfels nur um ihrer bloßen Erhaltung willen mit einem großen Kostenaufwand repariert werden? Die Frage ist, was kam beim Untertan an, wie kam es an? Wie bereit waren die Untertanen, ›mobil‹ zu werden, um die Plätze, Baulichkeiten etc. zu besuchen? Macht man sich auf den Weg, für/wegen seines(n) König(s)? Etwas anders verhält es sich mit Kirchen oder bei Neubauten. Manche der Bauten wurden vorrangig auf Sicht geplant/gebaut, nicht von vorn herein für die Nutzung als ›öffentliche Identitätsbildungsstelle‹ gedacht, sondern als Refugium der königlichen Familie. So können wir die ursprüngliche Planung und Nutzung von Schloß Marienburg deuten – im Gegensatz z.B. zum preußischen Stolzenfels, das fast von Beginn an für Besichtigungen offen stand. Ikonologisch erfährt die Marienburg aber noch eine weitaus tiefer greifende Bedeutung. Möglicherweise war ihr die Bedeutung der ›Cumberland/Hannoverschen Gralsburg‹ zugedacht. Den heute noch gut erhaltenen frühgeschichtlichen Ringwall, in den Schloß Marienburg hineingebaut wurde, kann man nur bei Annäherung erkennen. Es mußte also auch an ›Bewegungsfreiheiten‹ gedacht werden. Wo darf man hin? Wo nicht? Wer nicht? Wann? Wieviele? Ist das ganze Projekt mit dem Exil gestorben? Wir wissen es noch nicht. Ob Georg V. wirklich ein so großer Romantiker war, wie er in wohlwollenden Biographien gern dargestellt wird, muß wohl bezweifelt werden. Denn trotz seiner Blindheit verfügte er über sehr gute Qualitäten im Selbstmanagement, und wußte sich besonders nach seiner Thronbesteigung in fast jeder Situation gut in Szene zu setzen. Dabei spielte natürlich die in Kindheit und Jugend genossene Bildung und

Erziehung eine wichtige Rolle. Eine gute Charakterisierung der Person Georg die auch heute noch zutreffend ist, gab sein Zeitgenosse der Wolfenbüttler Bibliothekar Otto von Heinemann in seiner ›Geschichte von Braunschweig und Hannover‹:

„Die erste Erziehung, bis zu seinem sechsten Lebensjahr, hatte er in Deutschland (Berlin) unter den Augen seiner Mutter erhalten, einer in ihrer Jugend lebensfrohen Frau, die sich aber in späteren Jahren einer streng kirchlichen und politischen Richtung zuneigte. Auch sein mütterlicher Oheim, Prinz Karl von Mecklenburg, ist wohl nicht ohne Einfluß auf die Ideale, an das Mystische streifende Vorstellung gewesen, die er in der Folge von der Würde und Hoheit des gottbegnadeten Königtums hegte. Seine Bildung für das Leben und den ihn erwartenden Beruf vollendete sich in England, wohin sein Vater im Jahre 1828 (nach Jahren der freiwillig gewählten Abwesenheit vom englischen Hof und Parlament, dem Ernst August als Herzog von Cumberland angehörte)(aus Berlin) zurückkehrte. Bei den reichen Anlagen des Geistes und Gemütes, die ihn auszeichneten, mußte deren Entwicklung infolge seines körperlichen Gebrechens doch vielfach gehemmt oder in gefährliche Bahnen geleitet werden, so daß sich schließlich in ihm eine Gedankenwelt ausbildete, die mit der Wirklichkeit der Dinge nicht immer in Einklang stand. Schon in seiner Jugend hatte er neben der Musik, für die er eine besondere Begabung zeigte, mit großem Eifer historische Studien getrieben, namentlich aber für die Geschichte seines Hauses eine ausgesprochene Vorliebe gezeigt. Das uralte Geschlecht, dem er entstammte, das in früheren Zeiten eine so bedeutungsvolle Stellung behauptet hatte, schien ihm auch für die Zukunft noch zu großen Dingen berufen. Phantastische Träume von der Größe der welfischen Macht, wie sie einst unter Heinrich dem Löwen bestanden hatte, mögen bisweilen seinen jugendlichen, weltunkundigen Sinn beschäftigt haben. Das reine innere Leben, auf das er sich hingewiesen sah, entwickelte in ihm neben einer stark hervorgetretenen, mystisch angehauchten Religiosität ein fast noch stärkeres Souveränitätsgefühl, das sich später, als er zur Regierung gelangte, von Jahr zu Jahr steigerte. Er hatte von der Bedeutung seines Landes, von der historischen Mission seines Hauses, von der eigenen königlichen Würde die höchste Meinung. In häufigen öffentlichen Ansprachen und Reden, die er mit königlichem Anstande zu halten verstand, hat er während seiner Regierung von seinen Anschauungen Zeugnis abgelegt. Bei alledem mußte seine Erblindung, wie sie in früheren Jahren die gleichmäßige Ausbildung seiner geistigen Kräfte erschwert und selbst gehindert hatte, jetzt, da er zur Herrschaft gelangt war, ihm die volle Ausübung seines königlichen Berufes unmöglich und ihn, mehr als heilsam und ersprießlich, dem Einflusse seiner Umgebung zugänglich machen, auf deren Urteil er in vielen Dingen angewiesen war. Dies trat naturgemäß am bedenklichsten in schwierigen Lagen und Verwicklungen, in jenen entscheidenden Krisen zutage, von denen kein Staatsleben verschont bleibt und an denen es denn auch seiner Regierung

nicht gefehlt hat. Ohne diese verhängnisvollen Einflüsse würde wohl auch die letzte große Kathastrophe, in die er sich hineingerissen sah und bei der es sich um Sein oder Nichtsein handelte, anders verlaufen sein und nicht mit der Vernichtung von Hannovers staatlicher Selbstständigkeit (Annexion durch Preußen 1866) geendet haben" (zitiert nach Spörer 1980).

„Herrschaft braucht Herkunft", mit diesem Zitat von Jan Assmann beginnt Gerhard Oexle seinen Aufsatz ›Fama und Memoria. Legitimation fürstlicher Herrschaft im 12. Jahrhundert‹ (Oexle 1995, S.62). Der Autor, er beschäftigt sich mit Heinrich dem Löwen, Herzog von Bayern und Sachsen und dessen Gemahlin Mathilde, sucht und liefert Manifestationen der Herkunft und des Herrschens der beiden, wobei sich ›unverrückbare Stücke‹ in Braunschweig finden (Löwendenkmal, Palas und Kirchenbauten der Pfalz, Stadtmauer), aber auch bewegliche Teile, wie z.B. das Evangeliar Heinrichs und Mathildes, das zwar für den Marienaltar der Stiftskirche geschaffen wurde, aber durchaus auch an anderen Orten benutzt werden konnte. Auch Siegel gehören zu den wichtigen beweglichen Teilen sichtbarer Macht.

„Herrschaft braucht Erinnerung; denn durch die Erinnerung an die Geschichte wird Herrschaft legitimiert. Herrschaft braucht aber auch Zukunft, sie braucht die Erwartung, ja die Gewißheit künftiger Herrschaft. Auf diese Zukunft richtet sich die Fama, die Rühmung dessen, was war und was ist. Memoria und Fama sind deshalb in gleicher Weise Dimensionen der Herrschaftslegitimation" (ebd.). Wie unschwer zu erkennen ist, gibt es die Bestrebungen nach Identitätsstiftungen in der Familie Georgs V. schon länger.

Heinrich der Löwe, Georgs ›Lieblingswelfe‹ war seinem Vater Heinrich dem Stolzen in der zweiten (welfischen) Generation auf dem Herzogstuhl Sachsens (und Bayerns) gefolgt. Ihm war es, wie Georg V., nicht vergönnt, sein hochambitioniertes Programm zu beenden.

Nachdem am 15. August 1701 vom englischen Gesandten Earl of Maccelsfield das offizielle Dokument der Neuregelung der englischen Thronfolge an Herzogin Sophie überreicht wurde, machte man sich Gedanken, auf welche Weise man in Großbritannien, Hannover und den Nachbarstaaten auf diesen wichtigen neuen Sachverhalt hinweisen solle. Unter anderem wurde dann auch eine Medaille herausgegeben, die auf der einen Seite die Herzogin Sophie als Thronfolgerin aufzeigt. Auf der anderen Seite wollte man auf die Legitimation der Thronfolge hinweisen. Allerdings werden nicht, wie man annehmen sollte, Elisabeth Stuart oder Sophie von der Pfalz, als die legitimen Vorfahren – die den Erfolg des Hauses Hannover vorbereitet hatten – gezeigt. Es wird zwar eine weitere Frauenbüste abgebildet, die Sophie stark ähnelt. Es soll aber, der Umschrift nach *„ Mathilde, die Tochter Heinrichs II., König von England, Gemahlin Herzog Heinrichs des Löwen, Herzog von Bayern und Sachsen, Mutter Kaiser Ottos IV., zuvor Herzog von Aquitanien, (Mutter) des Pfalzgrafen Heinrich bei Rhein und Wilhelms, Stammvater des Braunschweiger Hauses"* sein. Ein Ansatz, mit den berühmten, seit etwa 500 Jahren toten, englisch-welfischen Ahnen Legitimation zu bekommen und neue Identität zu stiften.

Eindruckvoll finden sich auf der Staats- und Regierungsfahne des Königreichs Hannover (vgl. rückseitigen Bucheinband) Hinweise auf Memoria und Fama. Obwohl nach 1806 mit dem Heiligen Römischen Reich Deutscher Nation auch die Kurfürstenämter erloschen waren, hatten die Welfen im Mittelschild ihres hannoverschen Wappens die Reichskrone beibehalten. Bis 1814 wurde die Reichskrone von einem Kurfürstlichen Hut gedeckt, seit der Erhebung zum Königreich 1814 dieser durch die hannoversche Königskrone ersetzt. Dem Hinweis auf die Wurzeln des hannoverschen Staats steht auf der Flagge allerdings ganz massiv der Hinweis auf das englische Königtum gegenüber. Als nach 1837 aufgrund der unterschiedlichen Erbgesetze die Personalunion zwischen Großbritannien und Hannover aufgehoben wurde, schied folgerichtig in Großbritannien das hannoversche Wappen aus. In Hannover behielten sowohl Ernst August als auch Georg V. die Großbritannischen Wappenfiguren bei, ja sie ordneten ihr eigenes Landswappen größenmäßig den anderen sogar stark unter! So führte bis 1866 das Königreich Hannover das Staatswappen mit den Figuren für England (drei Löwen), Schottland (ein Löwe), Irland (Harfe) und nochmals England (drei Löwen). Über dem Mittelschild befindet sich die hannoversche Königskrone, im Schild links Braunschweig (zwei Löwen), rechts Lüneburg (ein Löwe und Herzen), darunter mittig gesetzt die Kaiserkrone als Hinweis auf das Kurfürstentum und darunter das Sachsenroß als Hinweis auf Hannover (Neubecker 1935).

Am 21. September 2003 jährt sich zum 150. Male der für die Burg Plesse so bedeutsame Besuch des Georg V. und seiner Gemahlin, Königin Marie. Von Rotenkirchen bei Einbeck aus, wo die gesamte königliche Familie einen längeren Sommeraufenthalt verbrachte, hatte der König mit kleinem Gefolge oftmals auf Kutschfahrten unternommen, um Besuche zu machen oder um die Gegend ein wenig zu erkunden. Nach unserem derzeitigen Wissensstand fällt mit dem Besuch auf der Plesse der Beginn der denkmalpflegerischen Aktivitäten Georgs zusammen. Möglich ist, daß Georg bei einem Besuch beim damaligen Oberjägermeister, dem Grafen Hardenberg, am 3. September, auch auf die seit 1842 teilweise in Sinne der Ruinenromantik restaurierte und mit einem neu aufgeführten Aussichtsturm ausgestattete Burg geführt wurde, oder das darüber vom Grafen berichtet wurde. Ob Georg hier nun zu seinen Aktivitäten inspiriert wurde? Auf jeden Fall traf er einige Tage später auf der Plesse den eigens aus Göttingen herbeigeeilten Landbaumeister Otto Praël, der Georg und Marie mehrere Stunden lang über die stark verfallene Anlage führen mußte. Später berichtete Prael, daß er vom König nach Mariaspring geladen wurde, um an der Tafel mitzuspeisen und weitere Fragen zur Burg zu beantworten. Er berichtet dann, daß er einen bei sich geführten Plan der Burg seiner Majestät aushändigen mußte.

Daß sich aus diesem unangekündigten Besuch eine über zehn Jahre andauernde Restaurierungskampagne entwickeln sollte, konnte sicherlich keiner ahnen. Die Burg und Herrschaft Plesse waren im Jahr 1815 an Hannover gefallenen. Allerdings gab es schon seit den Tagen Heinrichs des Löwen immer wieder Besitzan-sprüche seitens der Welfen auf die Burg, die sich nicht klären ließen und deshalb später auch immer wieder zwischen den einzelnen Parteien zu Verstimmungen führten. Es ist gut möglich, aber nicht schriftlich belegt, daß Georg V. mit seinem neuerlichen Interesse an der Anlage ein Zeichen setzen und die Burg im Nachhin-ein noch einmal für die Welfen in Besitz nehmen wollte. Die Hannoverschen Identitätsstiftungen, die dem König ja in diesem Aufsatz ›unterstellt‹ werden, hat-ten jedenfalls hier (wohl) ihre Anfänge. Dabei läßt sich bisher nicht sagen, ob das Itinerar des Königs in ein Verhältnis zu den Objekten zu setzen ist. Derzeit hat dies eher nicht den Anschein.

Ein Schema für das Vorgehen Georgs scheint es nicht gegeben zu haben, einige Kriterien lassen sich aber doch nachweisen. Daß auf der Plesse sofort nach dem Besuch des Königs mit den Arbeiten begonnen werden konnte, ist eine Ausnahme. In bisher nicht erklärbaren, oftmals weit auseinander liegenden, zeitlichen Abstän-den, hat Georg (zuerst) solche Stätten wieder herrichten lassen, zu denen er familien-biographische Bezüge herstellen konnte. Das ist bei den Burgen Grubenhagen, mit dem Vorwerk Rotenkirchen (1853), Herzberg (1861) und Scharzfels (1856-61) der Fall. Die beiden Harz-Burgen hatten starken Bezug zu Heinrich dem Löwen, Herzberg darüber hinaus war ein weiterer Stammsitz der Linie Grubenhagen. In der Erweiterung der biographischen Komponente kümmerte sich der König um Grablege Ottos des Quaden in Wiebrechtshausen (1860) und dessen Frau Margarethe, sowie des Sohnes Wilhelm in Hardegsen (1861). Der Grund, warum sich Georg V. nicht mit der Pflege oder Restaurierung der frühen Stätten der welfischen Grablegen, also in Königslutter (Lothar III., Richenza, Heinrich der Stolze) und Braunschweig (Heinrich der Löwe, Mathilde, Ott IV.) befassen konn-te, ist einfach zu finden: Das Herzogtum Braunschweig war souverän und gehörte nicht zum Königreich Hannover. Allerdings ist das Grabmal in Königslutter einmal, und zwar 1708, aufwändig erneuert worden. Wahrscheinlich steht hinter dieser Maßnahme die Hochzeit der Prinzessin Elisabeth Christine mit Karl III. von Spa-nien. Später stieg das Ehepaar zur Kaiserwürde auf.

Die Restaurierung der meisten Kirchen lag hauptsächlich in Händen der staatli-chen Klosterkammer. Es bedarf der Sichtung einer großen Menge von Akten-material, um genauere Aussagen über eine unmittelbare, persönliche, Beteiligung des Königs treffen zu können. Ein Beispiel für die direkte Anteilnahme von König und Königin ist im Zuge der Wiederherstellungsarbeiten der Godehardkirche in Hildesheim festzustellen. Beide nehmen an der Feier zur Wiedereinweihung der Kirche am 20. 12. 1863 teil, Marie stiftet des weiteren einen großen, in romani-scher Tradition neu geschaffenen, Radleuchter mit dem Programm der 24 Älte-sten aus der Apokalypse des Johannis. Es bleibt abzuwarten, ob sich Hinweise darauf finden, daß Georg über solche wichtigen Restaurierungen wie z.B. Loccum informiert wurde. Die aus denkmalpflegerischer Sicht wichtige Restaurierung der St. Alexandri-Kirche in Einbeck (1862-66) fällt zeitlich nicht mit dem Besuch Ge-orgs und seiner Familie in Rotenkirchen/Einbeck (1853) zusammen.

Eine besondere Stellung nimmt in diesem Rahmen der Neubau der Christuskirche in Hannover ein. Hier läßt sich die Hannoversche Identitätsstiftung – auf der Grundlage mittelalterlichen Handelns – besonders gut nachweisen! Das evangelische Gotteshaus strotzt nur so vor mittelalterlicher Symbolik. Von der Ausführung des Fußbodens mit einem Bildprogramm, über die Aufteilung des Innenraumes in verschiedene liturgische Bereiche bis hin zum Tympanon über dem Haupteingang mit der Darstellung Christi und dem vor ihm knieenden königlichen Paar, in der Tradition des Krönungsbildes aus dem Evangeliar Heinrichs des Löwen! Die Tage der Grundsteinlegung und der Weihe sind besonders gewählt, z.B. der Geburtstag des Kronprinzen, usw. in der Stiftungsurkunde der Kirche behält Georg ausdrücklich sich selbst und seinen Nachfolgern das Patronatsrecht vor. Und er erklärt die Christuskirche zu Hauptmissionskirche des Königreichs Hannover, für alle Weltteile. Nur hier sollen die Missionare aus den Hannoverschen Landen ihre Weihe erhalten!

Daß der König oder besser ›Hannover‹ im Jahr 1865 das Kaiserhaus in Goslar und einige Jahre zuvor bereits die Pfalzkapelle St.Ulrich ankauft, kann nicht mit seinen beiden Kuraufenthalten bei dem Kräuterdoktor Frierich Lampe 1862/63 in Verbindung gebracht werden. Es ist vielmehr so, daß die Hannoverschen Identitätsstiftungen hier – und auch durch die Planungen für ein Mausoleum der Häuptlinge von Ostfriesland in Aurich – nun in einen viel weitergreifenden, die familiengeschichtlichen und lokalpolitischen Aspekte sprengenden Rahmen – gesetzt wurden. Wie zuvor Friedrich Wilhelm IV. in den Rheinlanden durch sein Programm mit dem Komponenten ›Römerzeit‹ und ›Mittelalter‹ eine vorher nicht vorhandene Beziehung zwischen den Anwohnern und dem Haus Preußen geschaffen hatte, erwirbt nun Georg V. für den Staat das ursprünglich dem Reich und später der Reichsfreien Stadt Goslar gehörende Gebäude. Hannovers Beziehung zu den Bauwerken der Pfalz Goslar ist dabei schwer belastet. 1819 wurde den Goslarer Bürgern von der Regierung gestattet, das ehemalige Pfalzstift St. Simon und Judas, einer der wichtigsten Kirchenbauten Deutschlands, an einen Maurermeister auf Abbruch zu verkaufen. Der Vorfall hatte unter Kennern großes Entsetzen hervorgerufen. Solch einen Fehler wollte man nicht ein zweites Mal begehen. Die Goslarer wollten auch dieses Gebäude, das wegen seines schlechten Zustandes für den Marstall der Könige gehalten wurde, ebenfalls abreißen. Nach zähen Verhandlungen wurde das Kaiserhaus für 1.000 Thaler dem Königreich Hannover übereignet. Man war sich noch nicht sicher, wie nun mit dem Bauwerk umzugehen sei. Es wurde überlegt, ob man daraus nicht ein Fabrikgebäude machen könne, aber auch eine Restaurierung wurde angedacht. Mit der Ulrichskapelle wurde vorsichtig begonnen.

Tragischer Weise für Hannover, glücklicher Weise für das Kaiserhaus ereigneten sich bald darauf die Geschehnisse von Langensalza. Friedrich Wilhelm IV. war im Jahr 1861 gestorben. Sein Bruder Wilhelm hatte schon seit einigen Jahren für seinen kranken Bruder die Amtsgeschäfte geführt. Der Sieger des Deutschen Erbfolgekrieges hieß Preußen, der preußische Onkel hatte seinen hannoverschen Neffen besiegt, und dieser mußte nun sein Reich verlassen. Hannover wurde preußische Provinz. Wie es sein älterer Bruder auch getan hätte, trat Wilhelm in die hannoversche Kulturschuld am Kaiserhaus zu Goslar ein. Es war wieder einmal Zeit für eine Identitätsstiftung. Allerdings ging es nunmehr um etwas richtig Großes, nämlich die Wiedervereinigung des deutschen Volkes unter einer Oberherrschaft, die Gründung des II. Deutschen Reiches. Wo konnte sich der neue Kaiser besser manifestieren als im Kaiserhaus zu Goslar? Nach dem gewonnenen Deutsch-Französischen Krieg von 1870/71 öffnete Wilhelm I. seine Privatschatulle und bezahlte daraus bis zum Jahr 1878 die immensen Kosten am Kaiserhaus. Der gewaltige Saal im 1. Obergeschoß mit den Maßen von 47x15 Metern wurde von Professor Hermann Wislicenus im Nazarener Malstil zwischen 1879 und 1897 mit einem beeindruckenden Bilderzyklus ausgemalt. Das Thema wurde natürlich vorgegeben: Die mittelalterliche Reichsgeschichte, Bezug zu Goslar und als Hauptbild die Reichsneugründung durch Wilhelm und seine Gefolgsleute (Farbtafel 31). Alle wichtigen mit Wilhelm verbündeten Reichfürsten sind auf dem großen Bild trefflich porträtiert dargestellt. Man sieht Ludwig II. von Bayern, Bismark, Moltke, Roons usw.. Aber, und das war bisher niemanden aufgefallen, das Bild hat noch eine große Überraschung parat! Es ist noch nicht klar, von wem die Anweisung gegeben wurde, aber Wislicenus hat auch Georg V., den Feind, in das Bild eingefügt (Farbtafel 10,2). Er findet sich als Brustbild, gut sichtbar, über dem Kopf von Roons, gleich rechts von den Köpfen Bismarck und Moltke in einer blauen Uniform mit rotem Kragen, die Augen in seiner typischen Art leicht geschlossen. Auf dem als Wettbewerbszeichnung von Wislicenus 1878 eingereichten Karton findet sich an besagter Stelle noch eine andere Figur. Auf der riesigen Vorzeichnung für die endgültige Ausführung des Gemäldes (4,10x7,20 Meter) aus dem Jahr 1880 ist Georg V. eingesetzt. Allerdings konnte er sich darüber nicht mehr freuen, denn er war am 12. Juni 1878 in Paris gestorben. Hatte sich Wilhelm I. zu einer Geste der Versöhnung entschließen können? Er muß auf jeden Fall gewußt haben, daß Georg in das Bild eingefügt wurde. Es ist schon interessant, daß dieses Porträt so lange unentdeckt geblieben ist. Wahrscheinlich hat sich damals niemand getraut es zu entdecken, und im Lauf der Zeit ging das Wissen um die Tragik des ehemals so herzlichen Verhältnisses zwischen Wilhelm und Georg verloren, andere Sichtweisen wurden wichtiger und das große Bild anders erklärt.

Bei den Recherchen zu diesem Aufsatz ist auch der folgende kleine Artikel aufgetaucht. Hier wird von einer hannoversch-preußischen Identitätsstiftung berichtet. Mag dieser Bericht zum Abschluß versöhnlich stimmen und Lust machen auf weiter Aufsätze zu diesem spannenden Thema:

„Wer heute (1910) *vom Welfengarten in Hannover hinter der Technischen Hochschule zur Herrenhäuser Allee und zum Georgsgarten gehen will, kommt gleich nach den ersten Schritten an einem kleinen aus Fachwerk erbauten Häuschen vorbei, das jetzt der Gartenvorsteher bewohnt. Erst seit 50 Jahren steht es an seinem gegewärtigen Platze, vorher erhob es sich in der Nähe des Steintores auf der Höhe des Stadtwalls. Als dieser abgetragen werden mußte, um der Entwicklung der Großstadt Platz zu machen, wurde es abgebrochen und an*

seiner heutigen Stelle wieder aufgebaut, genau so wie es gewesen war, weil es geschichtlich denkwürdig ist. Denn in jenem Lusthäuschen, die "Weyhen-löbe" später "Prinzenhaus" genannt, hatten vor 130 Jahren zwei Prinzessinnen, welche später königliche Kronen tragen sollten, die ersten Sommer der Kindheit verlebt. Es waren Luise [spätere Königin von Preußen, Gemahlin von Friedrich Wilhelm III.] *und Friederike* [spätere Königin von Hannover, Gemahlin von König Ernst August, Mutter von Georg V.]*"* (Lulves 1910, S. 7).

Literatur

Arndt 1976
Arndt, Monika: Die Goslarer Kaiserpfalz als Nationaldenkmal. Eine ikonographische Unter-suchung. Hildesheim 1976.

Barclay 1987
Barclay, David E.: König, Königtum, Hof und preußische Gesellschaft in der Zeit Friedrich Wilhelms IV. In: Büsch, Otto (Hg.): Friedrich Wilhelm IV. in seiner Zeit. Berlin 1987, S. 1-21.

Blasius 1992
Blasius, Dirk: Friedrich Wilhelm IV. 1795-1861. Psychopathologie und Geschcihte. Göttin-gen 1992

Borkenhagen 1924
Borkenhagen, Helene: Ostfriesland unter der hannoverschen Herrschaft 1815-1866. Aurich 1924.

Brönner e.a. 2001
Brönner, Wolfgang e.a.: Preußische Facetten: Rheinromantik und Antike. Zeugnisse des Wirkens Friedrich Wilhelms IV. an Mittelrhein und Mosel. Regensburg 2001.

Cannadine 1994
Cannadine, David: Die Erfindung der britischen Monarchie 1820-1994. Berlin 1994.

Domeier 1810
Domeier, Pastor: Die Burg Hardegsen. Ein historischer Versuch. In: Neues Hannoversches Magazin 20 (1810), Sp. 449-480.

Ehrenpfordt 1913
Ehrenpfordt, Paul: Otto der Quade, Herzog von Braunschweig zu Göttingen 1367-1394. Hannover 1913 (= Quellen und Darstellungen zur Geschichte Niedersachsens XXIX).

Friedrich Wilhelm IV. 1995
Friedrich Wilhelm IV. Künstler und König. Zum 200. Geburtstag. Ausstellung vom 8. Juli bis 3. September 1995. Berlin-Brandenburg 1995.

Greve 1909
Greve, R.: Die Christuskirche zu Hannover. Aufzeichnungen aus der 50jährigen Geschichte einer großstädtischen Gemeinde. Hannover 1909.

Hobsbawm and Ranger 1983
Hobsbawn, Eric and Ranger, Terence (Hg.): The Invention of Tradition. Cambrige 1983.

Hoelscher 1927
Hoelscher, Uvo: Die Kaiserpfalz Goslar. Berlin 1927.

Kiesow 1990
Kiesow, Gottfried: Schloß Marienburg. Berlin 1990.

Kokkelink 1968
Kokkelink, Günher: Die Neugotik Conrad Wilhelm Hases. Eine Spielform des Historismus. 1. Teil. In: Hannoversche Geschichtsblätter N.F. 22 (1968), S. 1-212.

Lulves 1910
Lulves, J.: Zwei Töchter der Sstadt Hannover auf deutschen Königsthronen. Luise von Preußen und Friederike von Hannover. Hannover 1910.

Meister 1853
Meister, F. W.: Herzberg am Harz in historisch-statistischer Rücksicht. Goslar 1853.

Neubecker 1935
Neubecker, Ottfried: Die Geschichte der Flagge von Hannover. In: Hannoversche Geschichtsblätter NF 3 (1935).

Rohloff 1989
Rohloff, Heinde N. (Hg.): Großbritannien und Hannover. Die Zeit der Personalunion 1714-1837. Frankfurt am Main 1989.

Saathoff 1978
Saathoff, Gerd: Ruhestätte von Fürsten und Grafen. Das Mausoleum auf dem Auricher Friedhof gehört zu den bemerkenswerten Monumenten Ostfrieslands. In: Heimatkunde und Heimatgeschichte 3 (1978), S. 11f.

Schnath 1987
Schnath, Georg: Besitzgeschichte des Helmarshausener Evangeliars Heinrichs des Löwen (1188-1935). In: Wolfenbütteler Betiräge 7 (1987), S. 177-265.

Spörer 1980
Spörer, Claus: Einbeck im Jahre 1853. Bürgerliches Leben am Vorabend der Industrialisierung. Die königliche Familie in Rotenkirchen. Ein Zeitbild. Einbeck 1980.

Vladi 1990
Vladi, Firouz: Die Burg Scharzfels von den Anfängen bis zur Gegenwart. Herzberg 1990.

Willis 1961
Willis, Geoffrey: Ernst August von Hannover. Hannover 1961.

Willis 1966
Willis, Geoffrey (Bearb.): Hannovers Schicksalsjahr im Briefwechsel König Georgs V. mit der Königin Marie. Hildesheim 1966 (= Veröffentlichungen der Historischen Kommission für Niedersachsen XXV Niedersachsen und Preußen, Heft 7).

Ich danke Herrn Christoph Gutmann, Goslar und Herrn Herbert Heere, Hardegsen, für ihre zahlreichen Hinweise.

Gudrun Keindorf / Thomas Moritz

Der reisende König.
Auf den Spuren König Georgs V. in Südhannover

Seit den Zeiten des hochmittelalterlichen Reisekönigtums gehört Reisen zu den Grundlagen der Herrschaftsausübung. Vordergründig handelt es sich dabei um den Vollzug von Rechtsgeschäften und die Durchführung diplomatischer Aktivitäten. Genauso wichtig ist dabei auch die zeremonielle Inszenierung des Herrschers, nicht als Person, sondern als Inkarnation des Amtes. ›Der Papst ist tot. Es lebe der Papst‹, diese noch heute verwendete Formel zielt auf genau dieses ambivalente Verhältnis zwischen Person und Amt. Genau genommen müßte es lauten: ›Der Papst ist tot. Das Papsttum lebt‹. Die Art der Selbstinszenierung mag sich im Laufe der Jahrhunderte grundlegend verändert haben, aber für den blinden König sind diese Inszenierungen integraler Bestandteil seiner Herrschaft (vgl. Beiträge Moritz, Brosius und Busch in diesem Band).

Wenn König Georg V. verreist, so ist er niemals Privatperson oder Tourist; selbst aus gesundheitlichen Gründen angetretene ›Kururlaube‹ werden mit offiziellen Staatsakten verbunden. So trifft Georg seine spätere Gattin, Prinzessin Marie von Altenburg, zuerst auf Norderney. In den 1860er Jahren besucht er mehrfach die seinerzeit berühmte ›Badeanstalt‹ des Kräuterdoktors Lampe in Goslar. Hier empfängt er zahlreiche Delegationen aus der näheren und weiteren Umgebung, um Bittgesuche oder Berichte über Baufortschritte – z.B. an der St. Salvatorkirche in Zellerfeld – in Empfang zu nehmen.

Sein Itinerar muß noch rekonstruiert werden, die Voraussetzungen sind günstig, denn das Königliche Hausarchiv, das im Hauptstaatsarchiv Hannover aufbewahrt wird, birgt ganze ›Aktenreihen‹ über Georgs Reisetätigkeit.

Über die Abläufe des Herbstes 1853 liegen gute Informationen vor. Mit mehrwochiger Verspätung, hervorgerufen durch die zunächst nicht eingeplante Englandreise anläßlich der Taufe eines königlichen Prinzen und eine anschließende Masernerkrankung von Königin Marie und den Prinzessinnen, nimmt die Familie ab 16. August 1853 ihre Sommerresidenz in Rotenkirchen, einem kleinen Jagdschloß in der Nähe von Einbeck (Spörer 1980, S. 151). Von hier aus werden zahlreiche Ausflüge in die Umgebung unternommen und von hier aus beginnt auch der folgenschwere Besuch der Burg Plesse am 19. September 1853. Über diesen Besuch sind wir durch die Bauakten informiert, denn drei Tage später berichtet der Landbaumeister Praël der Domänenkammer über das Ereignis.

„Bericht des Landbaumeisters Praël betreffend die Anwesenheit Seiner Majestät des Königs und Ihrer Majestät der Königin auf der Burg Plesse
Königliche hohe Domainen-Cammer erlaube ich mir von folgendem ganz gehorsamst in Kenntnis zu setzen.
Am vorigen Montage, morgens früh, hörte ich, daß am Mittage dieses Tages Seine Majestät der König und Ihre Majestät die Königin die Burg Plesse besuchen würden.

Ich eilte dorthin und empfing beide Majestäten vor der Burg gegen 1 Uhr. Von Höchstdenenselben wurde ich aufgefordert, der Führer zu seyn und alles zu zeigen; ich that dieses und, wie ich glaube, zur Zufriedenheit, welches die vielen Danksagungen selbst noch auf dem Rückwege in Mariaspring und das Zuziehen zur Tafel, wo ich mich den beiden Majestäten gegenüber setzen mußte, bezeugten.

Der Aufenthalt auf der Plesse dauerte fast 3 Stunden, in welcher Zeit mit dann folgende Aufträge von dem hohen Herrscher-Paare wurden.

1. *Ich sollte solche Vorschläge machen, daß die Ruinen der Burg wieder in möglichst guten Zustand kämen.*
2. *Sollte ich sofort das Gewölbe des großen Thurmes durchbrechen lassen und dann berichten, was unter diesem Gewölbe sey.*
3. *Bei meinen Vorschlägen sollte ich darauf Rücksicht nehmen, daß der große Thurm besteigbar werde, zu welchem Ende eine möglichst bequeme Treppe anzulegen sey; die Anlage dieser Treppe wurde vorzüglich von Ihrer Majestät der Königin gewünscht.*
4. *Sollte ich die Mauern der Burg vom Schutte befreien und möglichst frei legen, damit man von der frühern Einrichtung der Burg eine möglichst vollkommene Idee bekomme, und*
5. *Sollte ich mich in dieser Angelegenheit stets direct an Seine Majestät wenden; höchstdieselben wollten dann dafür sorgen, daß es an Gelde nicht fehle, Königliche hohe Domainen-Cammer auch hiervon gleich benachrichtigen.*

Beide Majestäten äußerten, daß Höchstsie die Burg Plesse, auf welcher es Höchstdenenselben so sehr gut gefallen, öfterer besuchen wollten.

Königliche hohe Domainen-Cammer bitte ich nun ganz gehorsamst, mich in dieser Angelegenheit mit Instruction hochgeneigtest zu versehen.

Daß zu der Restauration der Burg für dieses Jahr bereits 672 Rth. bewilligt wären, dieses bemerkte ich dem hohen Herrscher-Paare.

Eine bei mir habende Copie des Plans von der Plesse mußte ich Seiner Majestät dem Könige aushändigen. Praël" (Dost 1989, S. 79).

Die Entscheidung für diesen Besuch muß recht spontan ausgefallen sein, vielleicht ist er inspiriert durch die einige Tage vorher stattgefundene Vitite beim Grafen Hardenberg, der 1843 Baumaßnahmen an der Ruine Hardenberg vornommen hatte. Jedenfalls berichtet weder die Göttinger noch die Einbecker Presse darüber. Aus einem anderen Bericht des Landbaumeisters vom 11. Januar 1854 erfahren wir, daß der König immerhin *„von der Gemeinde Eddiehausen empfangen wurde"* (Dost 1989, S. 170). Auch die Gemeinderechnungen Bovendens liefern keinen Hinweis auf offizielle Empfangsaktivitäten, lediglich der Bau von Ehrenpforten in den Jahren 1851 und 1858 ist belegt (freundliche Auskunft: Siegfried Dost). Außer über den Besuch auf der Burg Plesse ist der Besuch Zellerfelds anläßlich der Wiedereröffnung der restaurierten Kirche belegt, da Superintendent Adolph Grosse den Ablauf der gesamten Maßnahme in einer ›kurzen Kirchenchronik von Zellerfeld‹ dokumentiert hat. Am 45. Geburtstag des Königs (27. Mai 1864) hatte man den Schlußstein in das Gewölbe eingefügt (Grosse 1864, S. 22), am 27. November fand dann die feierliche Wiedereinweihung statt, deren Ablauf durch Georg selbst minutiös festgelegt worden war (ebd., S. 35f.).

Inwieweit Georg seine anderen ›königlichen Projekte‹ besucht hat, muß noch untersucht werden (vgl. Beitrag Moritz, Hannoversche Identitätsstiftungen, in diesem Band). Die zahlreichen Farbtafeln wie auch die nachstehenden Schwarz-Weiß-Abbildungen sollen die LeserInnen anregen, sich selbst auf Spurensuche zu begeben.

Literatur:

Dost 1989
Dost, Siegfried: Restaurierungsarbeiten auf der Burg Plesse im 19. Jahrhundert. In: Plesse-Archiv 25 (1989), S. 7-323.

Grosse 1864
Grosse, Adolph: Kurze Kirchenchronik von Zellerfeld. Bei Einweihung der restaurirten St. Salvatoris-Kirche seiner lieben Gemeinde dargeboten. Clausthal 1864.

Kokkelink 1968
Kokkelink, Günher: Die Neugotik Conrad Wilhelm Hases. Eine Spielform des Historismus. 1. Teil. In: Hannoversche Geschichtsblätter N.F. 22 (1968), S. 1-212.

Spörer 1980
Spörer, Claus: Einbeck im Jahre 1853. Bürgerliches Leben am Vorabend der Industrialisierung. Die königliche Familie in Rotenkirchen. Ein Zeitbild. Einbeck 1980.

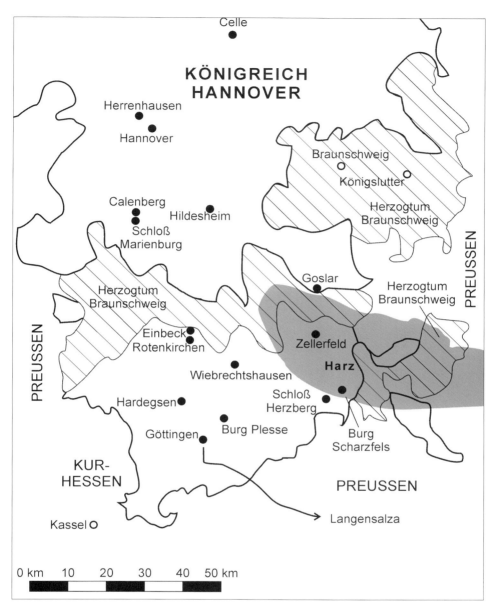

Abb. 1: Das Königreich Hannover. Südhannover und angrenzende Territorien. Die schwarz gefüllten Kreise zeigen königliche Projekte an, die offenen Kreise dienen der Orientierung. Die schraffierten Flächen stehen unter der Verwaltung des Hauses Braunschweig.

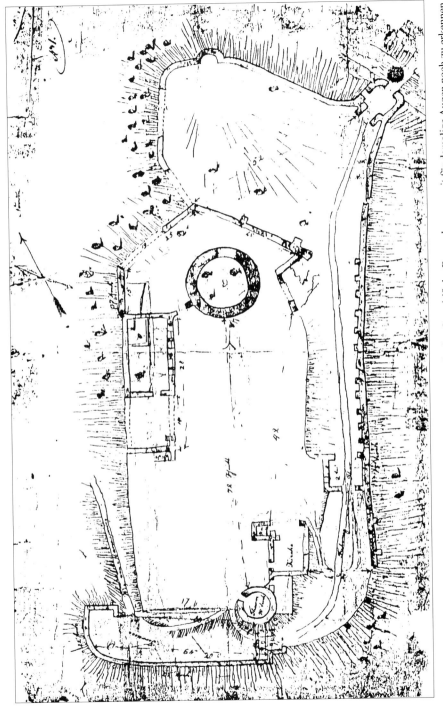

Abb. 2: Burg Plesse bei Göttingen. 1851 wurde eine Skizze angefertigt, die den Grundriß der Burganlage, soweit für damalige Augen noch zu erkennen, zeigt. Das Original ist wohl jener Plan, den der Landbaumeister Otto Praël König Georg V. am 19. September 1853 auf dessen ausdrücklichen Wunsch aushändigen mußte. Die hier gezeigte Kopie stammt aus dem Jahre 1854 und diente als Grundlage für die Restaurierungsplanungen.

Ruinen von Schartzfels.

Abb. 3: Burg Scharzfels. Koloriertes Stammbuchblatt von Ernst Christian Besemann „*Ruinen von Schartzfels*" (1799/1802). Das Blatt zeigt die Reste der ehemaligen Felsenburg von Süden. (Städt. Museum Göttingen). (vgl. Farbtafel 4).

Abb. 4: Burg Scharzfels. Blick von Osten auf die 1856/57 neu errichtete Toranlage, 1892. Die Konstruktion wirkt wie eine ›eckige‹ Variante zum Unteren Tor der Burg Plesse. Große Ähnlichkeit weist sie auch mit dem Eingang in das Schloß Marienburg auf. Die Toranlage wurde Anfang des 20. Jh. wieder abgerissen (Privatbesitz). (Vgl. Farbtafel 4,1 und 4,2).

Abb. 5: Burg Grubenhagen. Blick auf den restaurierten Turm. Zwischen Burg und ›Schweizerhaus‹ (vgl. Farbtafel 18,2) verraten Sichtschneisen ein landschaftsgärtnerisches Konzept.

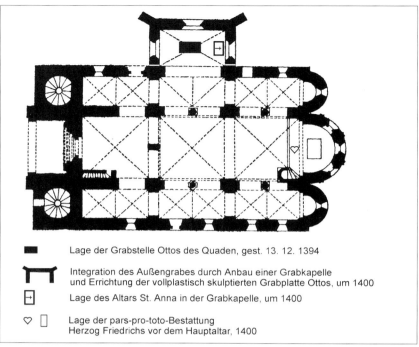

Lage der Grabstelle Ottos des Quaden, gest. 13. 12. 1394

Integration des Außengrabes durch Anbau einer Grabkapelle und Errichtung der vollplastisch skulptierten Grabplatte Ottos, um 1400

Lage des Altars St. Anna in der Grabkapelle, um 1400

Lage der pars-pro-toto-Bestattung Herzog Friedrichs vor dem Hauptaltar, 1400

Abb. 6: Wiebrechtshausen bei Northeim. Urspr. Zisterzienserinnen-Klosterkirche St. Maria. Grundriß mit Lage der welfischen Teile des Inventars (vgl. Farbtafel 5 und 6).

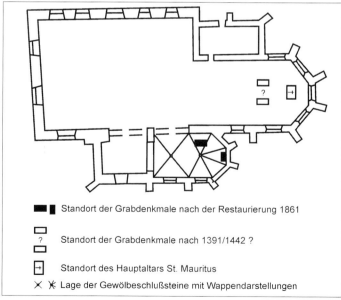

Standort der Grabdenkmale nach der Restaurierung 1861

Standort der Grabdenkmale nach 1391/1442 ?

Standort des Hauptaltars St. Mauritus

Lage der Gewölbeschlußsteine mit Wappendarstellungen

Abb. 7: Hardegsen, Pfarrkirche St. Mauritius. Grundriß mit heutiger und mutmaßlicher früherer Lage der welfischen Grabdenkmale von Herzogin Margarethe vom Berge und Herzog Wilhelm (vgl. Farbtafel 7 und 8).

136

Abb. 8: Hardegsen. Pfarrkirche St. Mauritius. Georgskapelle. Historisches Foto der Aufstellung der Grabdenkmale von Herzogin Margarethe vom Berge (stehend) und Herzog Wilhelm (liegend) mit Ausmalung der Wände (Privatbesitz).

137

Abb. 9: Zellerfeld. Pfarrkirche St. Salvator. Bauzeichnung des Hannoverschen Architekten Hase, 1861-64 (Oberharzer Bergbaumuseum, Clausthal-Zellerfeld). (Vgl. Farbtafel 9,1).

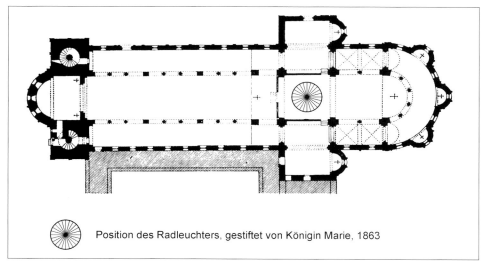

Position des Radleuchters, gestiftet von Königin Marie, 1863

Abb. 10: Hildesheim, Klosterkirche St. Godehard. Grundriß mit Position des 1863 von Königin Marie gestifteten Radleuchters (vgl. Farbtafel 11,2).

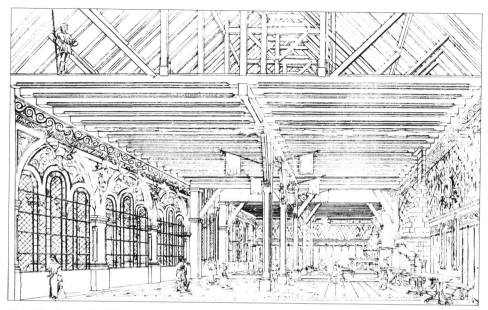

Abb. 11: Goslar, Liebfrauenberg, Kaiserhauskomplex. *„Entwurf zur Restaurierung des Kaisersaa-
les"* (Hotzen 1867). Hotzen war als Bauzeichner bei Hase beschäftigt, bevor er an der (preußischen)
Restaurierung des Kaiserhauskomplexes teilnahm.

Abb. 12: Schloß Marienburg bei Nordstemmen. Projekt des Rittersaales von 1858. Im Vergleich mit
dem Entwurf für das Kaiserhaus wird die verwandte Auffassung bezüglich der Raumaufteilung
deutlich, wenn auch die Deckenkonstruktionen einige Abweichungen aufweisen.

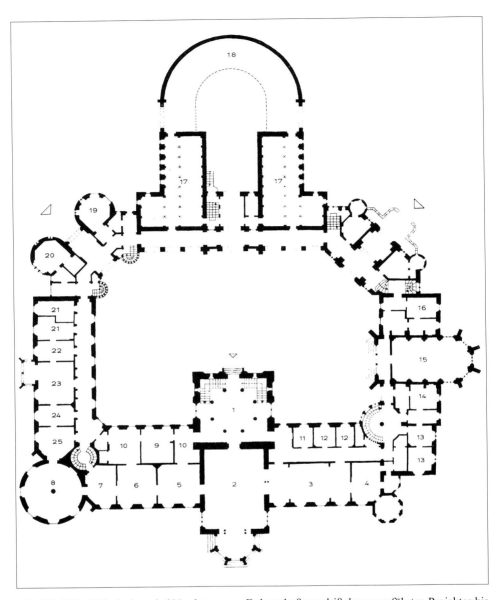

Abb. 13: Schloß Marienburg bei Nordstemmen. Erdgeschoßgrundriß des ausgeführten Projektes bis Oktober 1864: 1 Halle im Hauptturm, 2 Rittersaal, 3 Speisesaal, 4 Billardzimmer, 5 Salon der Königin, 6 Wohnzimmer der Königin, 7 Boudoir der Königin, 8 Runde Bibliothek, 9 Schlafzimmer der Königin, 10 Toilettenzimmer der Königin, 11 Warteraum, 12 Servierzimmer, 13 Wohnzimmer des Kronprinzen, 14 Schlafzimmer des Kronprinzen, 15 Schloßkapelle, 16 Bediensteten-Wohnung, 17 Pferdestall, 18 Wagenremise, 19 Portier, 20 Kavaliers- oder Damenzimmer, 21 Gouvernante, 22 Kabinett der Prinzessin Marie, 23 Salon der Prinzessinnen, 24 Kabinett der Prinzessin Friederike, 25 Unterrichtszimmer der Prinzessinnen (Kokkelink 1968, Abb. 11).

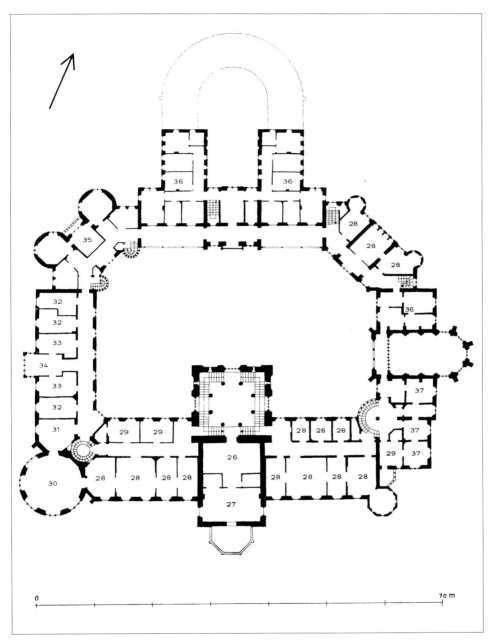

Abb. 14: Schloß Marienburg bei Nordstemmen. Obergeschoßgrundriß des ausgeführten Projektes bis Oktober 1864: 26 Bibliothek und Vorzimmer des Königs, 27 Wohnzimmer des Königs, 28 Fremdenzimmer, 29 Kavalierszimmer, 33 Hofdamenzimmer, 34 Salon der Hofdamen, 35 Wohnung des Kastellans, 36 Bedienstetenwohnungen, 37 Kavalierszimmer (Kokkelink 1968, Abb. 12).

Abb. 15: Das Evangeliar Heinrichs des Löwen, hier das Widmungsbild (19 r), ist durch Georg V. zurückgekauft worden. Es ist wohl davon auszugehen, daß es im Schloß Marienburg – gleich einem ›Gral‹ – aufbewahrt werden sollte.

142

Abb. 16: Das Evangeliar Heinrichs des Löwen, hier das Krönungsbild (171 v). Die Begeisterung des Königs für seinen ›Lieblingswelfen‹ Heinrich den Löwen ging soweit, daß er ihn ›kopierte‹. Am Turmportal der Christuskirche befand sich ein Tympanon, das Georg V. und Marie in knieender Anbetung darstellt, so wie hier Heinrich und Mathilde.

143